土屋正臣

文化という名の開発
再生産される「豊かな未来」

Development in the Name of Culture
A Reproduced "Prosperous Future"
by Masaomi Tsuchiya

春風社

はじめに

　2025年、大阪・関西万博が開催される。2021年の所信表明演説で岸田文雄首相は、この万博がIoTや人工知能などのデジタル技術を活用した未来の日本の姿を示す場になると声高に語った。開催地大阪では海外からの観光客を呼び込み、関西経済を上向かせる起爆剤としても大阪という都市の品格を上げるチャンスとしても、この万博は期待されている。

　夢のある話に対して現実は異なる。会場建設費は当初の2倍近い2,350億円に達し、344億円の木製建築物「大屋根」や1カ所で最大2億円近いトイレが問題視されている。万博の意義に疑問が投げかけられる中で、2024年1月の能登地方を襲った震災を前に「万博よりも震災復興」という声が上がっている。

　いつの時代でも大型文化イベントへの批判は存在してきた。ただ、この批判が一部の論者に限定されたものではなく、多くの人々の中で共有されていることは見逃せない。皆、声高に表立って批判しないまでも万博の欺瞞に"うすうす"気が付いている。それでも大多数は万博を正面から否定しない。人々は万博がはらむ問題を見ても見ないふりをし、開催を既定路線として受け入れる。

　大型文化イベントをはじめとする「開発」が持つ特異性は、道路や港湾、ダム、空港などの社会資本の整備と比較すると分かりやすい。かつての成田空港建設に反対した三里塚闘争など社会資

本整備としての開発は、市民運動の高まりの中で猛烈な反対に直面してきた。それでも政府や自治体、企業は、強硬な態度で開発を推し進め、国民もそれをやむなく受け入れてきた。その後、こうした上からの社会資本整備手法は改められ、そこに暮らす人々の意見を積極的に盛り込むようになってきた。

これに対して文化イベントや文化施設整備など文化を冠する開発は、内実としては従来の開発事業と変わらないにもかかわらず、社会資本整備に比較して人々から表立った批判や反対を受けることなく、着々と進められる。人々は多少の批判や疑問を呈しつつも、本心を隠しながら文化に関わる開発を受け入れてしまう。自己欺瞞そのものである。

ではなぜこの自己欺瞞が、生まれてしまうのか。本書は自己欺瞞の正体を文化開発というキーワードを手掛かりに読み解くことを目的にしている。

序章では本書の問題意識の整理とともに、「開発主義」や「文化開発」、「行政の文化化」といった用語の定義ならびに研究の方法について示している。

第1章では、近代の開発政策にまでさかのぼって、開発主義の源流を探る。戦後復興が図られる中で五つの全国総合開発計画が順次策定されていった。この国土開発の系譜は、経済開発中心から経済開発と福祉国家の両立を目指す社会開発へ、そして心のゆとりや安らぎといった内面的豊かさ獲得のための文化開発に結実する過程と対を成していた。80年代以降、中曾根内閣の登場に象徴されるように再び経済開発政策が前景化する中で、文化開発

もまた従来の開発思想の中に取り込まれていった。

　第2章では、高度成長期以降、急激な人口増加による住環境の激変、地域アイデンティティの喪失などの課題を抱えていた埼玉県の文化行政を取り上げる。埼玉県では縦割り行政の廃止や地方の自己決定権の確立などを目指した「行政の文化化」理念に基づいて、文化行政の推進が図られた。これは当時の革新系首長による行政運営（革新自治体）が、独自政策として掲げた文化行政の潮流と符合し、特に住民の生活実態に寄り添う基礎自治体（市町村）の政策理念に大きな影響を与えた。

　第3章では、80年代末から国の政策が文化開発から再び経済開発へと移行する中で、埼玉県をはじめとする地方の文化行政もまた、社会資本整備を基軸とする開発主義的様相を強く押し出していくプロセスを検証する。文化施設や都市公園の整備、国民文化祭などの事業を通じて開発政策と決別したはずの文化行政が、なぜか国土開発へと回帰していく。本章では、この国土開発回帰の原動力となった"声"の正体に言及する。

　本論で論じた国レベル、都道府県レベル、市町村レベルといった各層での文化開発史を踏まえ、終章では、文化行政が開発主義的様相を帯びる要因を探る中で文化開発の正体を明らかにする。ここでは文化開発を推し進めた"声"のありかを改めて検証するとともに、なぜその"声"が開発を求めてしまうのかという点を考察しつつ、文化開発が向かうこれからについて考えていくことにしたい。

文化という名の開発:再生産される「豊かな未来」

目次

はじめに …… 1

序章　　11

(1) 用語の解説 …… 23
(2) 研究の方法 …… 34

第1章　開発主義の源流　　37

第1節　戦中から戦後への開発主義型政策 …… 39
第2節　高度成長期における全国総合開発と経済開発 …… 44
第3節　経済開発から社会開発へ …… 48
第4節　二全総と日本列島改造論 …… 52
第5節　新たな開発としての文化開発 …… 57
第6節　全総型開発の結末：四全総・21GD …… 74

第2章　国土の開発から暮らしの質向上へという「未来」　　85

第1節　戦後の地域社会における開発の実像 …… 87
第2節　埼玉県における文化行政を生み出した社会背景 …… 91
第3節　革新自治体による文化行政 …… 98
第4節　畑和埼玉県政下における文化行政の展開 …… 111
第5節　地域レベルにおける文化行政 …… 176

第3章　国土開発への回帰　　189

第1節　開発主義的様相の再前景化：1980年という境目 …… 191
第2節　行政の文化化事業としての公立文化施設建設 …… 193
第3節　行政の文化化としての「緑の政策」と都市公園整備 …… 216
第4節　文化イベントの創出と都市整備 …… 223
第5節　地域レベルにおける文化行政の意味 …… 229
第6節　文化という名の開発を生んだ"声" …… 231

終章　文化開発は何をもたらしたのか　　　235

第1節　戦後の文化開発の着地点 …… 237
第2節　なぜ文化行政は開発主義的になったのか …… 240
第3節　文化開発のこれから …… 254

注 …… 256
引用参考文献 …… 266
あとがき …… 275
索引 …… 278

図表一覧

写真1　双葉駅前 …… 13
写真2　梅棹忠夫 …… 15
写真3　畑和 …… 18
写真4　国立民族学博物館 …… 61
写真5　神川村（現神川町）における歩道改良事業と校庭環境整備事業
　　　　　　　　　　　　　　　　　　　　　　　　　　　…… 149
写真6　さきたま風土記の丘 …… 155
写真7　稲荷山古墳見学者の急増 …… 158
写真8　辛亥銘鉄剣 …… 160
写真9　さいたま川の博物館 …… 170
写真10　畠山重忠像 …… 173
写真11　埼玉県立歴史資料館（現埼玉県立嵐山史跡の博物館） …… 173
写真12　白岡駅自由通路の展示施設 …… 182
写真13　七曲り井 …… 187
写真14　さいたま新都心 …… 190
写真15　埼玉県立近代美術館 …… 199
写真16　県立自然史博物館（現埼玉県立自然の博物館） …… 202
写真17　本庄文化会館（現本庄市民文化会館）の外観 …… 205
写真18　本庄文化会館（現本庄市民文化会館）の陶壁 …… 208
写真19　廃館後の民俗文化センター …… 214
写真20　トトロの森（所沢市） …… 221
写真21　野火止用水 …… 222
写真22　さきたま緑道と彫刻 …… 227

図 1	公立文化施設の整備状況 ……	20
図 2	90 〜 91 年度の地方公共団体の文化予算の累計内訳 ……	20
図 3	新聞紙上および国会における「文化開発」の使用頻度の推移（1921 〜 2022 年） ……	27
図 4	全国および首都圏人口の推移 ……	88
図 5	首都圏内の人口の推移 ……	90
図 6	埼玉県の人口推移と増加率 ……	91
図 7	行田市および狭山市文化団体の設立時期 ……	179
図 8	県展回数別一般搬入点数、総陳列点数の推移 ……	197
図 9	文化開発の概念図 ……	239
図 10	埼玉県知事選投票率の推移 ……	242
図 11	埼玉県内市町村立博物館設置件数の推移 ……	242
図 12	「モノの豊かさ」か、「ココロの豊かさ」か意識調査（1972 〜 2019 年） ……	246

表 1	政策研究会内グループ一覧 ……	68
表 2	あなたが今住んでいらっしゃるところは、住み良いところだと思っていますか ……	96
表 3	あなたは〇〇都道府県というところが好きですか ……	97
表 4	あなたは〇〇都民・県民・府民・県人だという気持ちはお持ちですか ……	97
表 5	埼玉県行政組織の変遷 ……	128
表 6	埼玉県立図書館一覧表 ……	195
表 7	埼玉県立博物館等一覧表 ……	196
表 8	埼玉県立文化会館・劇場一覧表 ……	204
表 9	2000 年代初頭の埼玉県内市町村の文化行政関連事業 ……	230

凡例

・本文中に使用した写真は、出典を明示したもの以外すべて筆者が撮影したものである。また、本文中の図やグラフも一次資料を基に、筆者が作成したものである。

・本書は、幅広い読者に届くことを念頭に執筆している。文化政策研究自体が本質的に学際的性格を帯びていることに起因するが、学術研究に携わる研究者だけでなく、まちづくりの現場に関わる市民や行政職員といった広範な人々を読者層と本書は捉えている。したがって、実証的な研究の手続きに過度にこだわらず、物語の流れが伝わりやすいよう配慮し、細かな注釈は巻末にまとめている。

序章

写真1 双葉駅前

　2021年開催の東京五輪、2025年開催予定の大阪・関西万博へと続く「文化」イベントの系譜は、一見無関係と見られる「開発」と深い関係に置かれてきた。

　たとえば、2014年9月の国会の席上、安倍晋三首相は所信表明演説の中で、「2020年のオリンピック・パラリンピックは、何としても復興五輪としたい。日本が新しく生まれ変わる大きなきっかけとしなければなりません。開催に向けた準備を本格化します。6年後には、見事に復興を成し遂げた東北の町並みを背に、三陸海岸から仙台湾を通り、福島の浜通りへと聖火ランナーが走る姿を、皆さん、世界に向けて発信しようではありませんか」と語った。2021年3月25日には、東京2020オリンピック・パラ

リンピックの聖火リレーが真新しいJR双葉駅前で開催され、震災からの復興がアピールされた。

たしかに被災地では、ミュージアムや劇場などの文化施設を含め着実に社会インフラ整備は進み、生活再建に向けた努力が重ねられている。だが一歩JR双葉駅から離れれば、被災した家屋がそのまま残されているところが少なくなく、誰もが納得するかたちで「復興した」とは言えない状況にある。聖火ランナーはこうした復興途中の町並みを走ることはなく、整備された駅前を走るランナーの姿がテレビに映し出され、"復興完了"が広く印象づけられた。五輪のような文化イベントによって、社会資本の整備を伴いつつ、実情は異なるとしても人々の間に復興や豊かさのイメージが生成される。

社会学者の吉見俊哉が指摘するように復興と五輪が結びつけられたのは、今回の東京オリンピック・パラリンピックに限ったことではない。1940年の東京五輪構想は、1923年の関東大震災からの復興の流れを受けたものであり、1964年の東京五輪は戦災からの復興のシンボルとしての意味合いを持っていた（吉見2020：24-28）。復興や再生との結びつきをもったオリンピックや万博は、国家の開発主義的な欲望と不可分な関係におかれ、開発主義において文化は大きなテーマの一つとなってきた。

開発という言葉に注目すると、人々が思い描く理想的な社会の姿が込められている。環境学者のザックスによれば、開発とは「単なる社会経済的な試みをはるかに超えるものである。開発とは、現実を形作る認識であり、社会を慰める神話であり、情熱を解き放つ幻想」（Sachs 1992：1）である。つまり開発は、道路やダ

ムの建設や工業団地の造成といった社会資本の整備にとどまらず、豊かさを創造するものとして人々が夢を抱く、心のありようでもある。

この開発の定義に沿えば、文化開発とは文化ホールのような文化施設建設事業や文化振興・文化財保護にかかる制度の問題であり、同時に文化創造の先の豊かさを追求する心性の問題である。[4] 現実はどうであれ、それらしい現実のかたち（ないしイメージ）＝文化を人々の間に形成するための手段として文化開発は用いられる。

他方で開発される側の人々の視点に立つと、開発によって得られる豊かさの前に人々は変化する地域社会の姿を受け入れざるを得なかった。これを「開発イデオロギー」と表現することができる。「開発イデオロギー」とは"上から"注入されて人々が動員されるのではなく、人々が納得や了解、あきらめの過程で開発を自然視することで生み出されると社会学者の町村敬志は指摘する（町村 2011：15）。

「文化」の名を冠していても「開発」とセットになれば、「開発イデオロギー」は入り込む。五輪や万博も然りである。五輪を通じて、実態と乖離した"復興完了"の喧伝もまた被災地が"上から"注入ないし押しつけられただけでなく、人々は実態との乖離を認識しながらも自然なものとして受け入れていく。

写真2 梅棹忠夫
（読売新聞 1976 年 3 月 22 日夕刊）

ところで五輪や万博が文化開発だと最初に言い出したのは、著者ではない。民族学者の梅棹忠夫（**写真2**）が、「1964年秋、東京オリンピックがひらかれた。それは多数のスポーツ施設の建設をともなう壮大な文化開発のイベントであった」と指摘したように、すでに1960年代に文化開発は梅棹の口を通して語られていた。そして、その後に開催されることとなる大阪万博についても、「オリンピックをはるかにうわまわる規模の一大文化開発」（梅棹1993：13）だった。大阪万博終了後の跡地に国立民族学博物館が建設され、その館長に梅棹がおさまるというプロセスは、彼の文化開発論に基づくものだった。もちろん、梅棹は文化開発を肯定的に捉えていた。

　　適当な方法をもちいるならば、じつは文化そのものを開発してゆくことは、いっこうにさしつかえない。あるいはふるい文化でも、そういうものに適切な開発手段をくわえることによって、はじめてその文化の価値がでてくるというケースはいくらでもあります。そういう道を発見しようというのが、この「文化開発」というかんがえかたの基本にあった発想でした。（梅棹1993：473）

　梅棹が文化開発論を当てはめたのは1964年の東京五輪だったわけだが、震災からの"復興"をアピールした2021年開催の東京五輪における開発とは異なるものだったのだろうか。戦災復興を国民に印象付けた1964年の東京五輪では、その直後に四十年不況（証券不況）が発生し、さらに1970年の大阪万博終了直後に

も経済成長率は下落している。つまり、1964年と2021年の東京五輪は、ともに実社会の姿とはかけ離れ、戦災や震災から復興を遂げた日本社会のイメージを世間に広めるという点において共通していた。

　五輪や万博に象徴される文化による開発は、少なくとも日本において輝かしい未来の演出手段として頻繁に用いられてきた。ただし、必ずしも肯定的な意味を帯びていたのではなく、文化開発が生み出すイメージと実態はかけ離れていた。少なくない人々がこの欺瞞に気づきながらも、諦観を伴って渋々受け入れてきたのであり、文化開発は日本社会を覆う呪縛のように今日に至るまで連綿と受け継がれてきたのではないだろうか。

　梅棹の文化開発論に関するもう一つの疑問は、国家レベルの文化開発のような大きな物語が主に語られる一方、地域社会やさらには人々の生活レベルに至る小さな物語に目配りしなくても良いのかということである。

　「文化の問題は個人の趣味の問題であり、私事にすぎない、というかんがえは、もはや過去のものとなった。現代においては、文化は公事であり、国事である」（梅棹ほか 1982：161）と梅棹が語ったように、文化に関する問題は個人レベルの小さなものではなく、社会全体で取り組むべきスケールの大きなものだった。しかし、国家レベルか個人レベルかというような単純な区分けで文化を語ることもまたできない。両者の間には、国家レベル⇔県域レベル⇔基礎自治体レベル⇔地域レベルのように幾重にも積み重ねられた異なるレイヤーが存在し、同時代に進行した現象であっても個々のレイヤーに関わる人々の捉え方や結末は異なっていた

はずである。

　文化開発をめぐるレイヤーを理解する上で最適な事例として、1970・80年代の地方自治体が主導した文化行政を挙げることができる。一見、文化開発とは無関係のようだが、梅棹が文化施設網の整備を文化開発の主軸に位置づけていたように、文化行政の名の下に地方を中心として多くの文化施設が建設されたことは、文化開発の一環として捉えることができる。ただし、革新自治体初期を中心に社会党や共産党といった革新政党が支援する首長が文化行政を推進していたために、社会資本整備をあからさまに打ち出した開発政策とは一線を画し、反開発主義、反自民党といった政治的イデオロギーを基礎としていた。そこでは福祉の充実や環境保護と同様に、一人一人の生活者に寄り添った政策課題として地域固有の文化問題が取り上げられていた。

　この背景には、当時の首都圏が抱えていた東京を中心とする移住者による急激な人口増加があった。たとえば、仕事や消費、教育、文化に至るまで東京に依存する埼玉県民は、"埼玉都民"と呼ばれ、住民票のある埼玉県は寝に帰る場所=「ねぐら」でしかなかった。こうした"埼玉都民"を"埼玉県民"に転換させるためには、居住する地域の住みやすさの実現や誇りの醸成が喫緊

写真3　畑和
（読売新聞1984年7月2日夕刊）

の課題だった。

　1972年から1992年までの20年間、埼玉県知事として文化行政を推進してきた畑和(**写真3**)の言葉をここで引用してみよう。

> 東京都心部における中枢管理機能の過大な集積の進行が、その地域の定住者を追い出して、夜のゴーストタウンを広げ、その周辺にある本県の県南地域を単なるねぐらの場と化する作用を促進していることである。
> このねぐら地帯では、東京都心部の諸機能を、基礎的なものから広域的、全国的、あるいは国際的な高次なものまでも比較的容易に利用できる反面、それがかえって地域における諸機能の発展を阻害していることを問題にしなければならない。県南地域が、その人口の集積に比べて、商業や教育文化等の機能において立ち遅れているのもこのためである。
> こうした地域を、単なるねぐら地帯から脱却させて、そこに住む人々が、そこで働き、学び、憩える場とするためには、県南の対策だけでなく、東京都心部における諸機能の再構築がぜひとも必要である。そして、それは、夜のゴーストタウンと化した東京都心部の定住圏としての再生のためにも必要なことではないだろうか。(畑1982：142)(傍点引用者)

　東京に商業や教育、文化の機能を依存する「ねぐら地帯」からの脱却には、居住地の中で完結するような、働き、学び、憩う環境の「立ち遅れ」を解消する必要があった。県域レベルあるいは基礎自治体レベルでは、こうした内発的な経済システムの確立と

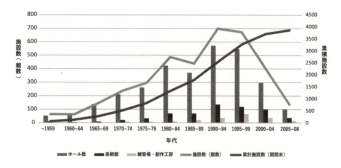

図1 公立文化施設の整備状況（吉本 2008：52　図表4より引用者作成）

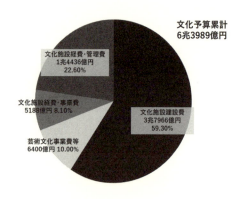

図2 90〜91年度の地方公共団体の文化予算の累計内訳
（吉本 2008：52　図表5より引用者作成）

自律的な社会システムの創出によって「開発主義からの根本的な脱却」を図り、「開発主義によって下支えされてきた社会統合様式を根本的に変革する」(町村2002：146) のが、文化行政に込められた意図だった。言い換えれば文化行政は開発主義との決別を意味していた。

ところが文化行政に基づく文化開発の系譜は、梅棹の文化開発論と相似形をなしつつ、各地で独自の展開をみせたが、やがて文化施設建設ラッシュへと突き進んでいった。

1980年代以降、各地方自治体は徐々に文化施設建設を推し進めていった。90年代に入ると、3.3日に1施設のペースでホールが誕生し、2週間に1施設のペースで新しい美術館が開館した (**図1**)。1990〜91年度の地方自治体の文化予算の累計内訳 (文化財保護経費を除く) を見ると、その6割が「文化施設建設費」に充てられていたことが分かる (**図2**)。

バブル経済が過熱する中、貿易摩擦を回避、内需主導型経済成長を目指すとともに、地方分権を加速するために導入された自治省「地域総合整備事業債 (地総債)」(1978年創設、2001年廃止) による制度的手当てが、公立文化施設建設に大きな影響を与えた。この裏には公立文化施設建設費の元利償還金の一定割合が、国の地方交付税でまかなえるというカラクリがあった。しかし、単に金銭的なケアがあっただけでは、これほどまでに地方自治体が競い合うようにして文化施設を建設しなければならなかった理由にはならない。本書ではこの理由も明らかにしていく。

その後、自治体財政の悪化とともに施設のランニングコストが自治体に重くのしかかり、「ハコモノ行政」として税金の無駄遣

いが批判されるようになった。他方、「まちおこし」や「むらおこし」といったかけ声とともに、文化は観光資源という名の地域経済の起爆剤として期待されたものの、実際には周辺道路の建設といったインフラ整備が目的化したり、一時的に盛り上がっては、次の目新しい観光資源に多くの人が群がるような観光消費が問題化したりした。

　開発主義と決別したはずの文化行政が、なぜ結局は開発主義的になったのか。開発主義とは最も遠い位置にあり、開発に対して批判的な論調を持っていた文化行政の矛盾がここにある。矛盾に満ちた文化行政の謎を解くことで、開発志向に傾きがちな文化開発の正体が明らかになるかもしれない。

　本書では「行政の文化化」を標榜し、文化行政を牽引してきた畑知事による埼玉県政を分析の中心に据える。畑県政初期において革新県政として、それまでの開発主義型行政を乗り越えるかたちで文化行政は展開されていった。しかし、その開発主義の本質を変えることはなく、文化と開発を重ね合わせることで新たな文化行政の道が模索されていった。その中で乱立した文化施設は、「ハコモノ行政」として批判された。ハコモノ行政を税金の無駄遣いの象徴としてやり玉に上げるのは、簡単である。問題は、まわりまわって、そのハコモノ行政がかたちを変えながらも現在にまで引き継がれており、そして今後も繰り返されることが予想されることにある。

　国家プロジェクトとしての五輪や万博と比較すれば、地方の文化行政による文化開発はあまりに規模は小さい。だが、文化開発をめぐって大小のレイヤーが積み重ねられ、国民一人一人の生活

レベルにまで深く入り込んでいることを考えれば、文化行政に着目することは有効だろう。

(1) 用語の解説

開発事業と開発主義

英語の development は、古フランス語の desveloper「包みを解く、広げる、明らかにする」を語源とする。その後、18・19世紀には拡大や成長、進歩といった意味が加えられた。

これに対して日本語の開発は、一般的には「ダム開発」や「宅地開発」のように開発事業自体を指すことが多い。だが本来の開発は、「一般に開発がめざすものは、量的な豊かさの実現だけでなく、数量では表せないものも含んだトータルな生活の質の改善」(秋津ほか 2003：189-190) であり、開発事業によって改善される人々の生活のあり方までを射程にいれた幅広い概念である。文化による開発もまた文化施設整備や文化振興政策によって豊かな社会の実現を目指そうとするものである。それにもかかわらず開発は経済成長政策全般にかかわって広く用いられてきたがゆえに、多くの人々は開発事業のその先に経済的な豊かさを思い描くことになる (後藤 2002)。

開発を後押しするイデオロギーを、ここでは「開発主義」と呼ぶことにしたい。経済学者の村上泰亮は開発主義を、「私有財産制と市場主義 (すなわち資本主義) を基本枠組みとするが、産業化の達成 (すなわち一人当たり生産の持続的成長) を目標とし、それに役立つかぎり、市場に対して長期的視点から政府が介入すること

も容認するような経済システムである。開発主義は、明らかに国家（あるいは類似の政治的統合体）を単位として設定される政治経済システムである」と定義している（村上 1992：5）。この村上の定義に沿えば開発主義は、国家が主導的役割を担い、国家的な利益の獲得を目的とすることが問題となる。つまり開発主義は個人や家族、地域社会ではなく、国家や民族の経済的利害を最優先させ、物的・人的資源を集中的動員と管理を推進する理念である[5]（末廣 1998：18）。この理念は戦前から戦後にかけて日本社会を方向付けてきた。

戦前の日本は、帝国主義的植民地支配に基づいて大規模な開発を展開していったが、戦後、植民地喪失によって縮小された「国土」の開発が、国家にとっての重要課題として位置づけられた。つまり「「残された国土」は、いわば「新しい植民地」として再浮上」することとなった。しかし、「残された国土」は実態と乖離した虚構であり、実際に技術者や資本家は、再びアジアを中心とする海外における開発に目を向けていた（河村 2006：89）。

他方で「残された国土」としての「地方」の人々にとって、開発主義は"希望"だった。戦後日本の高度成長期における企業社会成立以後、工業団地造成などによって誘致された企業の発展がそのまま地域の発展を意味した。「大企業中心の地域開発＝自治体財政の富裕化＝住民生活・住民福祉の向上という「開発幻想」「共同幻想」」（庄司 2017：4）が地域社会を席巻し、自治体や住民を巻き込んだ開発行政とその利権政治に絡めとられていった。

90 年代以降の開発事業の再来は、開発に対する幻想としての開発主義が戦後日本社会で受け継がれてきたことを示す。ただし、

「未開発の開発から既開発の再開発へ」(町村 2002：163)という新たな段階への移行が特徴的である。このようにかたちを少しずつ変えながら、開発し続けることの価値や意味の肯定化という本質を失うことなく開発主義は現在もなお生き続ける。

たとえば今日国際社会において広く支持されている「持続可能な開発」は、環境問題を前にして近代以降の開発主義を超克する意図をもって国際社会で広く提唱されていった。これに対し、社会活動家のグスタボ・エステバは、「持続可能な開発」は、「自然と調和した限りなく多様な社会生活の繁栄と持続を援助するために行われる」のではなく、「「開発」を持続させる戦略」であると指摘し、持続可能な開発の本性を暴いた(Esteva 1992〔エステバ 1996：32〕)。経済哲学者のセルジュ・ラトゥーシュは、「形容詞の付かない単なる開発や従来型の経済成長とは違うように見えても、持続可能な開発は堅固な経済成長を前提としている」(Latouche 2019〔ラトゥーシュ 2020：38〕)と述べた。

つまり本書において開発主義を扱うことは、かつて存在した時代の産物を回顧するためではなく、「持続可能な開発」のようにかたちを変えながら存続する開発と社会の現在的関係を解き明かすことに他ならない。

文化開発

文化とは何かという問いを立てることは、あまりに茫漠とした概念であるがゆえに議論の袋小路に入り込んでしまう危険性がある。このように極めて多義的な概念としての文化を論じることは、本書で扱う議論の範囲を逸脱してしまう。この前提のもとであえ

て本書で扱う文化とは、歴史性や美観性といった外形的な価値のみならず、社会教育や生涯学習等を通した社会包摂やシビックプライドの醸成、震災復興などの機能や価値までを含むものとする。

文化政策史上、「文化」と「開発」を結び付けて「文化開発」という言葉を初めて用いたのは、梅棹である。1960年代半ば、梅棹は文化あるいは文化的施設の創出は開発ではないかと提起し、以後文化開発という言葉を多用した。梅棹の文化開発論は、上下水道のように国民生活に欠かすことのできないインフラとして全国に配置し、それらをネットワーク化するというものであった。そのため、「文化開発というのはまず、一種の巨大な土木工事のようなもので、一種の国土計画の問題」(梅棹ほか1974：68)であった。

革新自治体による「文化行政」と同時代に梅棹によって多用された「文化開発」という造語は、直接的なつながりを持たないものの、決して無関係ではなかった。むしろ、異なる言葉を用いながら文化という新たなキーワードで広い意味での開発に関与している点で共通していた。

ところで、文化開発は果たして梅棹が最初に作り上げた言葉だったのだろうか。文化開発という言葉自体は、すでに戦前期から使用されていた。たとえば、大正期において仏教学者の加藤咄堂は、「西洋の文化を輸入せしめられたのも皇室の御力でありますから何れの点から申しましても、我が皇室の文化開発の中心にましますことは疑いない事実であります」、「即ち我が皇室は政権の中心なるのみならず民族の中心であり、文化開発の中心であり、

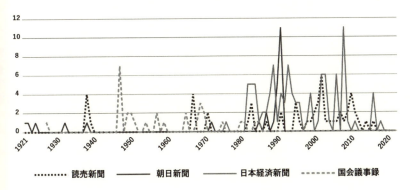

図3 新聞紙上および国会における「文化開発」の使用頻度の推移（1921～2022年）

民権擁護の中心でましまして」（加藤 1919：12-15）と語った。

　昭和初期においても満鉄総裁を務めた松岡洋右は『満鉄を語る』の中で、「地方経営と文化開発」という章を設けている。「創業以来30年、満鉄は政府の命令書第5条「土木、教育、衛生等に関し必要なる施設をなすべし」に基き全社線の附属地総面積330余平方キロの地域に対し、鋭意其経営に努めて」来た。その具体的な文化施設として、満州図書館、南満州保養院、中央試験所、満州医科大学と病院、奉天第二中学校、大連ヤマトホテル、満州資源館を文化開発の実例として松岡は挙げている（松岡 1937：158）。文化施設と病院、学校が並べられているように、この時期の文化開発は福祉国家建設により近い概念だった。[7]

　また、1938年2月3日の読売新聞は、「支那に対する文化開発」にあたり国は独立した文化開発推進のための機関設置を検討していることを伝えている。[8] 朝日新聞紙上で文化開発という言

葉が初めて使われたのは 1921 年、国会の場においても 1927 年の帝国議会において使用された。だが、文化開発という言葉が本格的に使用されるのは戦後に入ってからである (**図3**)。

つまり、文化開発という言葉は植民地開発政策の一つとして戦前に用いられていたが、戦後に至り、植民地を失ってもなお、むしろ植民地を失ったからこそ、「残された国土」に向けて文化開発という言葉が継続的に使用された。

第 1 回衆議院文化委員会では、戦後の文化国家建設に際し、北日本の文化開発として「特に文化的に遅れた北海道・秋田・岩手・宮城・山形・福島・青森・富山・石川・福井・新潟等の民間文化運動の發展」をはかることで、「文化の恩惠を農村の末端に浸透せしめ、個性ゆたかな北日本の民主文化を建設」することが喫緊の課題として取り上げられた。その具体的内容として、「文化會館並びに公民館の設置、新學制の完全實施、文化課税の撤廢、用紙割當の民主化、文化審議會の設置及び外國文獻の輸入促進」といった制度改革とともに文化施設整備が挙げられた。[9]

戦後「残された国土」に対する国土開発の一環として、文化施設建設を伴う文化開発が試みられた。他方で戦後の開発事業全体がそうであったように、文化開発もまた再びアジアの開発に日本が乗り出す足がかりともなっていた。たとえば、1963 年に設立された「東南アジア文化友好協会」の主目的として「民生と福祉の向上」に寄与するとともに、「東南アジアの文化開発」を掲げていた。[10]

その後、文化開発という言葉が再び表舞台に登場するのは、すでに触れてきたように地方自治体を中心とする文化行政の展開や

東京五輪、大阪万博を日本人が経験する中で、梅棹の文化開発論が広く認知された1960年代後半以後である。その過程で戦前期から用いられてきた文化開発の連続性は忘却され、新しい開発のかたちとして喧伝されていった。実際、**図3**が示すように新聞紙面をはじめとしてマスメディアにおいて文化開発という言葉は多用され、多くの人々の目に触れることとなった。

　一方で文化という言葉は、国際社会において「持続可能な開発」と結び付けられた。1982年のユネスコによる「文化政策に関するメキシコ・シティ宣言（Mexico City Declaration on Cultural Policies）」では、真の開発の目的とは、各個人の継続的な幸福追求であるとして、開発における文化の役割について触れている。2002年にヨハネスブルクで行われた持続可能な開発に関する世界首脳会議（以下リオ＋10）の最終日に採択された「持続可能な開発に関するヨハネスブルク宣言・実施計画（Johannesburg Declaration on Sustainable Development, Plan of Implementation）」では、基本的人権や文化的多様性の尊重が持続可能な開発を達成するために必要であることが述べられ、持続可能な開発と文化の関係が明示された。さらに、リオ＋10の際に開催された円卓会議でフランスのシラク大統領は、「文化が、環境・経済・社会と並ぶ持続可能な開発の第四の柱である」と述べた。

　その10年後の2012年に再びリオデジャネイロにおいて国連持続可能な開発会議（リオ＋20）が開催され、持続可能な開発のための要件として先住民族のアイデンティティの尊重や文化遺産、習慣、伝統的知識の消滅の危険性回避が盛り込まれた（関根2021：7-18）。リオ＋20がSDGsに関する議論の出発点となって

いることからも、今日の国際社会で求められる持続可能な開発において文化が重要な地位を占めていることは明らかである。

だが、文化という言葉を冠していれば、私たちは本当に手放しで持続可能な開発を支持してしまってよいのだろうか。持続可能な開発が経済成長を前提としている限り、文化開発もまたこれまでの経済成長を目指す開発政策の延長上に位置する可能性はないだろうか。本書では梅棹の議論を狭義の文化開発論と捉え、近代から現在の社会にまで至る文化開発史を開発の一部として議論を展開していく。

行政の文化化

文化開発を理解する上で最も重要なキーワードとして、「行政の文化化」を挙げることができる。「文化化」という言葉は、多くの人にとってやや聞きなれない言葉だろう。これを分解すると、「文化」と「化」になる。「化」は形や性質が別物になることを意味する。では、あるモノが、「文化」になるというのはどういう意味か。

この問いに答えるためには、「文化」の意味に立ち戻る必要がある。「文化」は、ラテン語で「耕作」を意味する cultura に由来する。cultura は、単に土地を耕す意味から派生し、精神を耕すという意味を帯びるようになった。これが「Culture = 文化」となった。その後、「Culture = 文化」は幅広い概念として成立した。

近代以降、「Culture = 文化」概念を取り入れた日本社会では、大正期以降の消費文化の興隆とともに、文化はモダニズムのシン

ボルとして人々に認識されていった。「文化住宅」や「文化鍋」など、文化は機能的で洗練されたモノを意味し、戦後は高度成長期以降の「豊かさ」と対を成した（吉見 2018）。

　このように「文化化」とは、あるモノが機能的で洗練された状態へと移行する様を示していた。つまり、「行政の文化化」とは「行政」を機能的で洗練されたモノへ変化させることを意味した。裏を返せば、「行政の文化化」が多くの識者によって論じられた1960・70年代において、行政は文化化されていなかった。

　日本の行政は、組織の縦割りや前例主義、行政組織は間違いを犯さず、反省もしないという無謬性などの組織的病理を抱えてきた。1960年代以降の市民運動の興隆によって、自立・自律した人々が自らの政治的立場を表明するようになったことで、より行政が文化化されていないことが浮き彫りになった。日本社会全体の文化化のためには、住民生活に最も密着した行政機関である基礎自治体の文化化が急務となっていた。

　政治学者の松下圭一は基礎自治体が行政の文化化として取り組むことは、「職員の文化水準の向上」であり、これに関連して「行政の文化水準の上昇」が必要だと語った。言い換えれば、「官治・集権型のタテ割から総合・調整のヨコ割への転換」だった（松下 1981：11-16）。したがって、行政の文化化には、「公務労働者のやる気と挑戦が不可欠になってくる」（大瀬 1995：79）。

　「行政の文化化」の議論は、今日の行政組織改革にも当てはまる重要なテーマである。にもかかわらず行政組織が抱える課題は解決されず、文化化の実現に至っていない自治体は多い。このため、文化政策研究では数多くの「行政の文化化」が批判的に議論

されてきた。

　文化政策のメインターゲットとしての「地域」を論じた友岡邦之は、「行政の文化化」を「地域社会という確固たる基盤のもとに、文化概念の含意を拡張し、文化行政を近代市民社会の確立に寄与させようとする（中略）試みだったといえる」と評する。その上で、「行政の文化化」標榜以降に出現した、多目的ホール建設ラッシュは、芸術の公共的価値についての理解が社会に浸透していなかった現われと指摘した（友岡 2018：228）。

　地方自治体による文化政策を検証した小林真理も「行政の文化化」議論が政策レベルに落とし込まれる段階で、文化ホールが「まちを手っ取り早く「文化的に」する装置」にすり替わってしまったと述べ（小林 2001：184）、公立文化施設を建設する目的の矮小化を指摘した。

　元横浜市職員で文化政策研究者の野田邦弘は、「行政の文化化」の失敗要因を①抽象的で全庁的理解を得られない説得力の欠如、②推進のための具体的手法の不十分さ、③縦割り行政における文化行政の横割りの機能不全の3つにまとめた（野田 2001：127）。

　「行政の文化化」の失敗に対して横浜市の文化政策専門職である鬼木和浩は、行政のみの「文化化」に止まらず、行政も住民もまちもともに「文化化」する、「自治の文化化」が目指されるべきだったと論じた（鬼木 2011：57-65）。

　「自治の文化化」は、芸術文化の創造性を活かした都市再生の試みとしての創造都市論の台頭とともに、一部の自治体で実現が試みられた。これらの自治体はアートという問題提起型の事業を通じて、地域づくり・市民社会づくりに着手することが可能に

なった（友岡 2018）。

　文化行政史を単純に図式化すると、革新自治体の台頭⇒「行政の文化化」の標榜⇒ハコモノ行政出現と「行政の文化化」の失敗⇒創造都市論の登場と文化による地域づくりや市民社会づくりの試み、という流れになる。文化行政の系譜は、今日の文化政策研究のこれからを考える上で重要な示唆を得ることができるが、本書はあえてこの議論に踏み込まない。「行政の文化化」議論がハコモノ行政に矮小化されていった要因は、確かに議論の本質が広く人々に理解されなかったことにある。だが先行研究では、なぜ人々に理解されなかったのか、理解していた人々もいたはずなのに、なぜ社会全体として開発主義的傾向を濃厚にしていったのか、という本質的な問いに必ずしも正面から答えていない。

　また、創造都市論は「行政の文化化」失敗からのリカバリーの一つとして捉えられがちである。これに対して環境社会学者の森久聡は、文化遺産保存を目的とした保存を開発とみなす町並み保存の思想と、開発のために文化遺産保存へと向かう創造都市論とを対比的に検証し、両者は「似て非なるもの」と断じた。なぜなら、「創造都市政策の根底には、都市の経済成長と開発＝都市の成熟」といった思想があり、「都市の成長と開発をめざすスキームは維持されたまま」だからである（森久 2020：27）。

　「行政の文化化」が行き着いた一つの答えとしての創造都市論が都市の開発と不可分な関係にあるとすれば、上記文化行政の系譜全体も開発政策の視点から解釈できるのではないか、というのが本書の主張である。

(2) 研究の方法

すでに町村が明らかにしてきたように、開発政策推進の原動力となってきた開発主義は、単純に「上から」注入されるのではなく、「下から」の望む声や受け入れによって成り立っている（町村 2011：15）。この構造を国際レベル、国家レベル、県域レベル、市町村レベル、地区レベルのようなレイヤーとして切り分け、各レイヤーにおける開発主義のあり方を検証するとともにレイヤー間の関係性にも言及する必要がある。

たとえば本書の内容に沿えば、埼玉県における文化行政は戦後の国家主導による開発政策へのアンチテーゼとしての意味を帯びつつ、他方で史跡整備した古墳群出土の鉄剣を用いた地域イメージ形成が多くの人々の注目を集める結果となった。これに対し、大勢の人々が古墳の墳丘を踏み荒らすことで、地元住民の不快感を生み出していた。同一の政策であっても立場や視点が異なれば、当然それに対する捉え方や評価は異なる。

本書の特色は戦後政治史における文化開発の位置を確認するだけでなく、政策実行の現場レベルにおいてどのような効果を持ち、それは結果的に文化開発全体にとってどのような意味を持つに至ったのかという視点で分析する点にある。したがって本書の構成は、全総計画を中心とする国家主導の開発政策における文化の位置を確認した上で、県域レベルで文化行政を牽引していた埼玉県を事例に分析を試みる。さらに埼玉県の文化行政の終着点として、住民生活に最も身近な基礎自治体（市町村）レベルでの文化行政を検討する。

最後にそれらのレイヤー相互がどのような関係を構築し、現代社会における政策対象としての文化のあり様にいかなる影響を及ぼしているのかという点を明らかにしてみたい。そのことが今後の私たちの社会と文化の望ましい姿を形づくることになるはずである。

　また、埼玉県という特定の地域を取り上げたとて、その当時の、その場所で偶然発生した現象であって問題の本質を捉えることはできないという批判もあろう。だが、文化行政のトップランナーとして注目された埼玉県が開発主義的な色彩を強めていったプロセスは、他の同時期に存在した文化行政推進自治体やそれを模倣したその他の地方自治体の動向と共通していたのであり、埼玉県の文化行政分析を通じて、地方主導による文化開発の普遍的な姿を描き出すことができるのではないか。また文化開発が抱える課題は、1980・90年代におけるバブル経済の熱病という特異な環境ゆえの偶然の産物ではなく、今日の日本社会に蔓延っているとすれば、私たちは無視し得ないのではないか。

　そこで本書では過去の特定地域で展開された事例の分析を通じて、そこに連なる「今」を捉え、文化に基づく開発の「これから」を考えてみたい。

第1章　開発主義の源流

本章では1930年代までさかのぼって開発の系譜を概観し、その延長線上に置かれてきた国家レベルでの開発政策を紐解いていく。その中で文化開発がいかなる位置を占めていったのかという点を俯瞰的に確認する。

　第1節では、戦前・戦中期から終戦後の開発政策の系譜を概観する。第2節以降は、戦前・戦中期における開発政策の系譜上で展開されていった戦後の開発について、5つの全国総合開発計画に沿いながら、文化による開発がクローズアップされやがて変容していった背景を探る。

　この国家レベルでの開発政策の歴史をおさえることは、露骨な形で開発主義が表出するリージョナル（県域）や基礎自治体（市町村）レベルでの開発を論じる第2章、第3章を理解する上で不可欠である。開発と縁遠いと人々から見なされていた文化が、なぜ開発主義的様相を帯びていったのか。それを理解するための前提を確認しておこう。

第1節　戦中から戦後への開発主義型政策

第1項　戦前・戦中期における国土計画の萌芽

　まず、日本における開発の系譜をさかのぼってその源流を確かめてみよう。

　市区改正以後（1935年～）、内務省などが中心となって、近代都市計画の祖エベネザー・ハワードの田園都市構想の日本への紹介をはじめとして、イギリスなどの都市計画あるいは地方計画について検討を行った（内務省地方局有志1980）。大恐慌以降、各国

において都市計画や地方計画が国土計画として見直されるようになった。アメリカでは 1933 年にルーズベルト大統領が就任し、TVA（テネシー渓谷開発公社）の設置など国家的見地に立った施策を包含したニューディール政策が実施された。他方で、ドイツではナチスによる国土計画が実施された。[11]

同時期の 1937 年 6 月に第一次近衛内閣が発足し、直後の 7 月 7 日の盧溝橋事件を契機とした日中戦争が勃発すると、日本は戦時体制に沿ったドイツの国土計画にならった国土計画施策を確立させていった。近衛内閣は、同年 10 月に内閣直属の機関として企画院を設置した。

一早く国土計画的施策を展開した満州では、1940 年 2 月に満州国国務院会議において「総合立地計画策定要綱」が決定された。1940 年 7 月に発足した第二次近衛内閣では、満州での国土計画施策を踏まえて、1940 年 8 月に国土開発計画の確立を謳った「基本国策要綱」が発表された。これを受け 1940 年 9 月には、企画院主導で「国土計画設定要綱」が閣議決定された。[12] その後も企画院は、「大東亜国土計画要綱案」（1942 年 3 月）や「黄海渤海国土計画要綱案」（1943 年 4 月）をまとめ、企画院廃止直前に「中央計画素案」、「同要綱案」（1943 年 10 月）を策定した。企画院がまとめたこれらの計画案は、日本における国土計画の嚆矢となったが、実際には行政上の参考資料に終わる運命をたどった（総合政策研究会 1963）。

企画院に対して、内務省は 1940 年 12 月に部内臨時職員設置制を改正し、地方計画担当職員を充実させた。この背景には、内務省が都市問題解決のためには、地方計画とそれをさらに発展さ

せた国土計画の必要性を意識していたことが挙げられる。つまり、内務省の国土計画の思想は「部分から全体へ」という計画策定段階を想定していた。他方で企画院は、「全体の利益から各部分」へという計画策定のプロセスを意識していた。

ところで、戦前・戦中期の文化開発はどのような性格を帯びていたのだろうか。1925年5月に出版された『書香』（満鉄大連図書館報）には、文化開発としての図書館事業が主張されている。「要するに満蒙文化開発事業として僅少なる金で相手の心に好印象を輿えるのは、図書館事業以外に適当なる方法がない」と断言されている。図書館のような文化施設建設事業もまた、日本が大陸へ進出する上で重要な手段の一つだった。文化施設建設を伴う文化開発は、帝国の拡張と不可分の関係にあった（大連図書館編1925：14）。

第2項 終戦後の国土計画による開発

終戦を迎えたばかりの1945年9月、内務省は「国土計画基本方針」を打ち出し、1946年9月にはその具体化案である「復興国土計画要綱」を発表し、戦後の国土再建の道筋を示した。この中で内務省は、食糧生産、民生産業の振興、戦災復興に加えて、地方都市の育成と過大都市化の抑制を図る旨を提示するなど戦後国土計画の主導権を握ろうとしていた。

ところが終戦後にGHQの肝煎りにより、1946年8月に経済安定本部（安本）が発足すると、安本の主要業務は物価統制、物資の統制とともに、物動計画を通じて国土計画的な施策を担い、国土開発の主導権を握るようになった。1947年3月に内務省は、

「地方計画策定基本要綱」を作成し、それに従った府県計画や地方計画の策定に向けて各府県との調整を図る立場へと退いた。当初安本は1年限りの臨時機関として発足したが、1947年5月に総理府の外局として恒常機関化され、国土計画の策定事務についても内務省から安本へと移された。結果的に内務省は解体され、国土院が担当していた事務は、1945年11月に創設された戦災復興院と合体した建設院に引き継がれた。

1947年12月、安本の中に、アメリカの委員会をモデルとした資源委員会が発足した。資源委員会設置にあたって重要な役割を果たしたのが、GHQ天然資源部技術顧問として来日した地理学者エドワード・A・アッカーマンであった。当時、資源を求めて海外侵略を進めていた日本が敗戦によって植民地を失い、再び日本は資源の乏しい国に転落したというのが大方の見方であった。アッカーマンは、日本は資源の乏しい国という世間の認識に対して、天然資源に恵まれているが、まだその開発が十分になされておらず、活用されていないという見解を示した（町村2002：157）。アッカーマンの見解に基づいて設置された資源委員会は、その後1949年の安本の独立機関化に伴って資源調査会と名称を変え、科学技術庁の機関となっていった[13]。

1949年、安本に総合国土開発審議会が設置され、安本主導で国土計画法の作成作業が進められた。安本が目指したのは、アメリカにおいて機能的、効率的、事業横断的な施策を実践したTVA（テネシー渓谷開発公社）を範とする総合開発計画であった。これに対して、建設省は都市計画から空間的に発展した県計画、あるいは地方総合計画の実現であった。このように安本と建設省

が各々の案を出し合いながら、結果的に安本の国土計画案が取り上げられることとなった。

1950年、総合計画の根拠法として国土総合開発法が制定され、日本で初めて全国土を対象とする長期的・総合的な国土計画体系が成立した（鈴木2019：27）。この法律は、「国土の自然的条件を考慮して、経済、社会、文化等に関する施策の総合的見地から、国土を総合的に利用し、開発し、及び保全し、並びに産業立地の適正化を図り、あわせて社会福祉の向上に資する」ことを目的とし、全国計画のもとに地方計画、都道府県計画、特定地域計画が配置される構造となっていた。

具体的な対象としては、土地や水等の資源利用、災害の防除、都市農村の配置、産業立地に加えて、文化、厚生、観光に関する資源や施設といった広範な分野にわたる適正配置が意図されていた（総合政策研究会1963：44）。国土総合開発法の中心的な狙いは、資源開発や産業立地の適正化にあったが、他方で人々の生活に密接に関連する文化施設や観光資源の開発、適正配置といった文化開発的要素をこの法は含んでいた。

この後国土総合開発法に基づいて1962年に最初の全国総合開発計画（全総）が成立するまでの12年間、国家的な開発計画が不在の状態が続く。次に述べるように、この12年間に個別地域を対象とする開発促進法が成立していった。

第 2 節　高度成長期における全国総合開発と経済開発

第 1 項　第一次全国総合開発計画成立前の地方圏開発法

　国土総合開発法は総合開発理念の形成にとって大きく貢献したものの、実行面においては特定地域の指定と開発計画の推進、調整のほかは、ほとんど役割をはたしていなかった。この間に、地方では経済成長に伴う工業化や都市化が進展し、地域間での不均衡が顕著となっていた。このために各地方における開発のための特別立法を望む声が高くなった。

　経済評論家の土屋清は、太平洋ベルト地帯構想の前史として国土総合開発法の成立に言及し、全国計画ができる前に、特定地域の開発計画が先行してしまった状況を次のように述懐した。

> みんな「オレの所をどうしてくれるんだ」ということで各県がわっと計画を出し、そのため全国の 7 割が特定地域になってしまった。要するに全国計画という方針がないから、特定、特定でいっちゃって、アルプスのてっぺんまで特定地域（笑）（エコノミスト編集部 1984：117）

　このような各地方の開発を望む声を背景に、東北開発促進法（1957 年 5 月）、九州地方開発促進法（1959 年）、四国地方開発促進法（1960 年）、中国地方開発促進法（1960 年）、北陸地方開発促進法（1960 年）などが制定された。

　北海道に対しては 1950 年に北海道開発法が制定され、これに基づく北海道開発計画が策定された。開拓使以来の開発政策を引

き継ぐ同法は、北海道東北開発金融公庫（1956年）や北海道地下資源開発株式会社（1958年）を備えた、重厚な政策実施体制を確立してきた。北海道開発法制定の背景には、「地方利益を確保する思惑や当時革新道政が展開されていたことへの対抗」があった（川上 2008：42）。しかし、北海道開発法は特定の地域を対象とする開発計画として早くから整備されたものの、計画内容と実態が乖離し、計画達成率は低調のままであった。

　また、1950年の朝鮮特需によって日本経済が復興を遂げる中で、大都市圏は住宅や上下水道、産業や生活基盤の社会資本整備が喫緊の課題となっていた。そこで政府は首都圏整備法（1956年）、近畿圏整備法（1963年）、中部圏整備法（1966年）を制定し、産業や経済の基盤整備に着手した。これらの法整備により政府は、産業および人口の過度の集中を防止し、都市機能の維持や増進を図ることを目指した。しかし、実際には実行手段を欠いているために、かえって人口の集中を招いた。

　これらの法律は、主に議員立法というかたちで成立していったが、背景に自民党の国会議員 – 県や市町村の首長や議員で構成する利益誘導政治があった。自民党による中央 – 地方機構を通じた利益誘導政治を生みだした要因として、第一に中央で地域開発の法律や計画を作成する開発主義の中央集権化があり、結果的に公団・公社や国の出先機関の乱立を生みだした。第二に、機関委任事務とこれに絡んだ国庫補助金制度の確立があり、特に1950年代後半以後、それまでの厚生省や文部省に代わって通産省や建設省の機関委任事務が増大し、開発政策実現の主要な手段として機関委任事務が使われた。第三に、複合的一部事務組合制度や広域

市町村圏のような広域行政の確立があり、隣接する自治体間の連携強化に伴って道路建設促進のメカニズムが生まれた（進藤 2002：33-37）。

第2項　第一次全国総合開発計画（一全総）

　戦後、全総計画がなかなか成立しなかった原因は、食糧や石炭、水力といった個々の資源開発に政府は全精力を注がなくてはならなかったことにあった。各地域単位での開発促進法が成立する中で食糧増産や石炭などのエネルギー開発も徐々にめどが立つようになった。そして講和条約成立以後、日本の開発政策は、技術革新に伴って資源開発から工業開発へとシフトしていった。

　工業開発を展開する上で、戦後中国大陸と切り離された日本にとって原料の輸入先やアメリカとの関係を想定すると、自ずと太平洋岸を開発する必要に迫られた。近代以降、東京や名古屋、大阪、北九州といった都市への集中的な投資がなされ、鉄道などの輸送網が発達していた。このため新たに導入された技術を用いて、鉄鋼や石油精製、石油化学、機械工業などの工場が太平洋ベルト地帯に建設されていった。

　50年代までの開発政策は地方主導であった。国土計画の立案に関わってきた下河辺淳が、「コンビナート建設は、国の仕事ではないんです。国は、地方公共団体の工業誘致をあっせんする立場です。これは通産省が中心ですが、通産省は自分で生産するわけじゃない」と述べたように、60年代からは中央主導の様相を呈しつつ、その内実は民間主導型の開発であった。[14]

　実質的な民間主導により資源開発から工業開発へと日本の開発

政策がシフトしていく中、1962年の閣議決定により最初の全総計画（一全総）が成立した。全総計画の目標は、「資源の開発、利用とその合理的かつ適切な地域配分を通じて、わが国経済の均衡ある安定的発展と民生の向上、福利厚生の増進をはかり、もって、全地域、全国民がひとしく豊かな生活に安住し、近代的便益を享受しうるような福祉国家を建設」することに置かれ、全総計画における10カ年の計画期間は、池田勇人内閣において実質国民所得を2倍にするという「国民所得倍増計画」の計画期間に照応するものとされた。

また地域間の均衡ある発展を図るため、全総計画には拠点開発方式が採用された。拠点地域は、①立地要素の供給力が大きく、②投資効率が高く、③波及効果が大きい大都市地域であり、これがさらなる経済圏の拡大をリードすることが期待された。

この拠点開発方式の担い手とされたのが、新産業都市であった。1962年に新産業都市建設促進法、1964年に工業整備特別地域整備促進法が整備された。新産業都市の指定に当たっては、各地からの陳情合戦が繰り広げられ、政府の方針では指定数は10カ所であったのに対して44カ所が名乗りを上げた。結果的に、新産業都市建設促進法に基づく新産業都市として64年から66年にかけて道央、八戸、仙台湾、常磐郡山、新潟、富山高岡、松本諏訪、岡山県南、徳島、東予、大分、日向延岡、有明不知火大牟田、秋田臨海、中海の15カ所が指定されるに至った。そのほかに工業特別整備地域として、鹿島、駿河湾、東三河、播磨、備後、周南の6カ所が指定された。

多くの新産業都市や工業特別整備地域が指定されるに至ったの

は、資本と人口を分散させ、過大都市問題と地域間格差の是正に取り組もうとした国家プロジェクトと、地域経済の再生を期待する各地域の思惑が合致したからに他ならない。さらに、重化学工業の臨海コンビナートの整備が進められた地域においては、将来的に中枢的都市の育成によって、その周辺地域の産業振興へとつなげていこうという発想が存在した（本間 1992：9）。

第3節　経済開発から社会開発へ

　資源開発から工業開発への転換過程で公害問題が発生した。1954 年に兵庫県尼崎市に大気汚染防止委員会が設置され、同年には神奈川県川崎市に「公害の防止に関する条例」が成立した。1955 年には東京都ばい煙防止条例が施行されるなど、地方自治体が公害対策を整備していった。しかし、その一方で厚生省が 1955 年に生活環境汚染防止基準法案を成立させようとしたものの、通産省、運輸省、経団連から反対を受けて成立しなかった。当時の日本社会において開発が物質的、経済的な豊かさを提供するというイデオロギーが、人々の健康的な生活よりも優先されたことを物語っていた（森 2019：238）。

　1959 年に国内初の石油化学コンビナートが稼働した三重県四日市市では、稼働直後からぜんそく等の呼吸器系疾患に苦しむ住民が増加していった。1967 年、患者が原告となった四日市公害訴訟が提訴されるなど、都市生活環境再生に向けた住民主体のまちづくりが生まれていった。静岡県の三島市や沼津市では、四日市公害の被害者との交流や学習を通してコンビナート開発の反対

運動を展開し、地元自治体とともに都市の将来像を盛り込んだ総合計画の策定を実現させた。こうした住民運動は、直接的に政府による開発政策を転換させるものではなかったが、その後に登場する革新自治体の成立に深く影響を与えていくこととなった。

公害や都市の過密化、地方の過疎化といった社会問題の発生は、国の政策にも大きな影響をもたらした。1964年11月9日「社会開発の基本構想」を掲げて登場した佐藤栄作内閣もまた、高度成長による社会的な歪みの是正を背景に成立した。佐藤は衆議院本会の席上で政治理念としての社会開発について次のように述べた。

> 戦後二十年を迎えようとしている現在、国際社会と同様、国内社会も変動と転換の時期に差しかかっております。このような時期に国政を担当するにあたって、私は、人間尊重の政治を実現するため、社会開発を推し進めることを政策の基調といたします。(中略)
> 経済開発と均衡のとれた社会開発は、福祉国家の建設を目ざす各国の共通の課題であります。経済と技術が巨大な歩みを見せ、ともすれば人間の存在が見失われがちな現代社会にあって、人間としての生活の向上発展をはかることが社会開発であります。経済の成長発展は、社会開発を伴うことによって国民の福祉と結びつき、真に安定し、調和のとれた社会をつくり出すことが可能であります。私は、長期的な展望のもとに、特に住宅、生活環境施設等社会資本の整備、地域開発の促進、社会保障の拡充、教育の振興等の諸施策を講じ、もって、高度の福祉国家の実現を期する考えであります。[15]

社会開発という言葉は、国連の場で用いられていた social development に由来する。社会開発という訳語を与えて行政の中に取り入れた中心人物は、1962 年当時の厚生大臣官房審議官伊部英男と厚生省人口問題研究所所長舘稔だった（杉田 2017：219-232）。厚生官僚が導入に深く関わっているように、社会開発の対象は、住宅、保健、医療、公衆衛生、社会福祉、教育、余暇などであり、国民経済の発展による富の増大を社会の福祉増殖に計画的に用いる政策である。

　1970 年代には、社会開発と入れ替わるように総合社会政策論が台頭した。総合社会政策は、健康や労働、教育といった人的資源、所得や消費、住宅といった物的資源、家族やコミュニティといった関係的資源だけでなく、余暇や価値観などの文化的資源をも対象とした（杉田 2017：219-232）。地域ごとに異なる国民生活の質的な充足を得るためには、財政措置は別として、社会開発の政策主体は自ずと地方自治体に委ねられることとなった。

　雇用や労働条件、所得といった物質的な充足から生活の質の向上へとシフトすることで、国民はそこに満足感を得たかと言えば必ずしもそうではなかった。年金や医療などの社会保障制度だけでなく、ダイエットやフィットネスなどの健康増進、社会教育や生涯学習を含めた質の高い教育環境、余暇活動の増大、より良い住環境の整備へと人々は深い関心と示し、「"豊かな社会"の人びとは尽きることのない欲求の開発に遭遇」させられていった（青木 2004：9）。地方自治体は多様化する人々の尽きることのない"豊かさ"追求に対し、適切なサービスを提供することが期待された。「生涯学習によるまちづくり」や「余暇行政の推進」を掲

げる地方自治体が登場したのは、社会開発政策の流れと符合するものだった。

特に「余暇行政の推進」については、後述するように、経済企画庁内に設置された国民生活審議会が労働環境や教育環境の改善を背景に、国民生活において余暇問題が重要課題であることを示した。これを受けて各地方自治体が余暇行政の部署を設置し、その対策に乗り出していった。社会開発に端を発した余暇行政の推進は、やがてその後の文化開発の展開とも深く関わっていた。

ただし、実態としての社会開発は経済開発に必要な道路や鉄道、電信電話といった社会資本の充実を前提とした国土計画の再編であった。1960年代の公共投資、約33兆7,260億円のうち54.8％は生産基盤の充実化に振り分けられ、国民の生活に密着した文教施設・住宅・上下水道といった生活基盤の充実には26.1％しか使われなかった（宮本2014）。

経済地理学者の野原敏雄は、「これまでの短期的、対処療法的な地域開発から、「長期的総合的」国土開発への転換であり、その意味では、国家独占資本主義による地域住民支配の一層の強化」に過ぎないと断じた。だが社会開発という言葉は、それまでの国土開発による社会的な歪みという現実があるにもかかわらず、決してイメージはネガティブなものではなく、「豊かな地域社会の建設」を実現するものとして肯定的に人々に受け止められた（野原1975：402-403）。

また、佐藤内閣による社会開発論は、「専門家集団によって緻密に組み立てられた政策論というよりも、その当時の世論を政権構想の形に凝縮して提起したものに近い性格」であったがゆえに

問題意識の提示のみにとどまり、実効性のある政策を提示できたわけではなかった[16]。

やがて新たな国土開発としての社会開発のイデオロギーは、具体的な政策提示に結実しないまま、より文化的な社会開発という軌道修正を図りつつ、定住圏構想を掲げた第三次全国総合開発計画（三全総）へと引き継がれていった[17]。その後、社会開発の潮流は経済開発へと結びついていった。

このことは、同時期の文化政策以外の政策に注目するとより理解することができる。たとえば農業政策分野においては、社会開発としての農業政策が自主性や自我の確立とともに、当初生活面の改善を目指していたにもかかわらず、高度成長期の中で経済開発に重点が置かれるようになり、平成に入ると社会開発の要素を持つ生活改善普及事業が収束していった全国的な潮流が生まれた（辰己 2023：115）。この潮流は文化開発が当初の社会開発との親和性を持ちながら、90年代以降、ハコモノ行政という経済開発へと転換していった道程と相似形を成していた。

第4節　二全総と日本列島改造論

第1項　第二次全国総合開発計画（新全国総合開発計画）

一全総の段階から太平洋ベルト地帯に工場が集中する産業立地、消費者立地が、人口移動による都市の過密を生み出していた。1969年に策定された二全総（第二次全国総合開発計画、新全国総合開発計画）では、太平洋ベルト地帯への過度な工場集中が、経済成長を牽引する鉄鋼などの重厚長大型産業の発展を阻害するもの

として捉えられ、産業を新規立地へ誘導することが企図された。大都市と地方を結ぶ交通幹線や通信網の整備は、二全総における効果的な物流システムを前提とする国土の一体的な開発思想に基づくものであった。

二全総に関して国土庁官僚の川上征雄は、社会資本の空間的配置を提示した計画として、これまでの全総計画の中でもっとも全総らしい全総として評価した。このように二全総は、情報化社会の到来を予見し、「将来へ向かっての豊かな環境創造」を謳ったことで、開発主義的な全総の性格を端的に示すものと位置づけられるだろう（川上 2008：56）。

だが、産業再配置構想という二全総の思想において、そこに住む人々の生活環境整備としての都市政策には至らなかった。このことが国土計画としての二全総の限界であった。

行政学者の土山希実枝は、一全総と二全総の失敗の要因を①国の先導性の消失と②政治領域と生活領域の交錯に求めた（土山 2007：129）。国の先導性の消失とは、経済分業が進んだ市場に対する国の先導性の限界性によるものである。明治期以降、国の政策は市場に先行し、殖産興業をリードしてきた。しかし高度成長期以降、第一次石油ショックを経て、「重厚長大」から「軽薄短小」へと産業の軸足は大きく移行した。これに伴い、工業技術の進歩によって人員削減や省エネルギー化、省スペース化が進む中で、工業地帯は新規拡大を目指すよりも既存の工業地帯の改良が求められた。同時に、新規の工業地帯整備を目指す両全総と矛盾する傾向が生まれた。このように市場の経済分業の深化は、国の先導性を凌駕していった。

政治領域と生活領域の交錯については、一全総、二全総ともに国富の増大が結果的に国民生活の豊かさを実現するという発想に基づいていたが、実際には公害の頻発にみられるような生活環境の悪化を生み出し、大きな社会問題となった。生活環境の改善という国民の期待と両全総の思想との間に大きな溝が存在したのである。

第2項　日本列島改造論における文化的環境整備

日本列島改造論に見られる都市施設整備としての文化施設設置

　二全総策定の動きと同時期の1967年、田中角栄のリーダーシップによって自民党に都市政策調査会が発足した。都市政策調査会は、自民党が党として初めて国土政策、都市政策に取り組んだ組織であり、自民党の『都市政策大綱』策定の原動力となった。一全総策定以後、新産業都市の成長とは裏腹に官庁組織の縦割りの弊害や自民党に政策立案能力が不在であることを当時自民党政調会長であった田中が問題視したことが、都市政策調査会立ち上げの発端だった。田中は都市政策が日本の内政の基本であり、官僚に依存せず、自民党主導で政策を立案することを強調したのである。[18]

　もう一つ田中が注視したことは、地方に住む人々を中心とする保守から革新への移行の兆候である。1967年に革新都政を公約に掲げた美濃部都知事の誕生など、各地における革新自治体登場の流れは、自民党の都市政策や国土政策にも影響を与えた。佐藤政権下の社会政策論は後退していったものの、『都市計画大綱』

に経済開発との整合性を持った社会開発の理念が盛り込まれた[19]。

政治主導による国土開発政策の方向性は、田中が通産大臣時代に発表した『日本列島改造論』（1972年）にまとめられた。田中は同書の中で①大都市における工業基盤の地方移転、②人口規模25万人都市の地方への配置（「新二十五万都市」）、③大都市と地方を接続する高速交通ネットワークの整備、を掲げた。

このうち「新二十五万都市」とは、産業の分散による経済活動の活性化に加え、情報や金融、流通の拠点であるとともに医療や教育、文化といった公共性の高いサービスが充実している都市である。独自の地域性を活かし、住民が誇りを持てるような都市を地方において形成するためには、「住宅、道路、上下水道などの都市施設整備と並行して、劇場、美術館などの文化施設」の整備が不可欠であると田中は説いた[20]。この発想は水道のように、全国くまなく文化の供給システムを整備するという、梅棹の「水道蛇口論」とも重なっていた。

新二十五万都市のもう一つの特徴は、「インダストリー・キャピトル（特定産業首都）」としての側面だった。田中は、デトロイトの自動車産業、ピッツバーグの鉄鋼業、ハリウッドの映画産業、カリフォルニアの航空産業を例に挙げ、研究所や試験場、展示場、技能者やデザイナーの養成機関を集中させたインダストリー・キャピトルを構想した。日本列島改造論において大都市の工業基盤を地方都市へ移転するだけでなく、地方都市独自の特徴的な産業を育成することが目指されたのである。したがって、インダストリー・キャピトル構想は、少なからず文化政策としての性格を内包していた。

特殊性と普遍性

　日本列島改造論や各都道府県の総合開発計画に散見される文化政策的側面について、梅棹は言及していた。「特色ある地方文化」という表現に対して梅棹は、「文化といえば、「特色ある」という形容句をつけておけば、なんとなくかっこうがつく、というようなことになっているのではないか」と批判した。梅棹によれば、各地方、各都市が個性を失いつつあるのは事実としても人々は地域的な特色を育てたいという欲求よりは、人々が生活の中で「人なみの」文化水準を享受したいという欲求の方がより強いという。

　道路のアスファルトから土や石畳への変更、電柱の撤去により明治初期の宿場町の姿を復元し、街並み自体を凍結的保存と併せて観光資源化した妻籠宿は、地域の特殊性を前景化させたまちづくりの典型例であった。観光に特化した地域では、その地域イメージに馴染まない工場やショッピングセンターなどは排除された。

　他方で、1970年の大阪万博開催とともに開始された旧国鉄の「ディスカバー・ジャパン」キャンペーンやファッション誌「アンアン」「ノンノ」の読者層を中心とした「アンノン族」の出現を背景に地域的特殊性は消費の対象となっていった。観光資源化された地域では、「民宿で、家の座敷も、アンノン族、ノンノ族にあけわたさなければならないわけです。観光客というものは、どこへでもずかずかはいってきて、写真をパチパチとる」（梅棹 1993：508）というようにプライベートな領域さえも観光対象となる。

　人々の日常は、観光に従属させた抑制的なものとなり、不足す

るものは他地域に依存せざるを得なくなる。だからこそ人々は地域性に富んだ特殊性の追求ではなく、普遍的な文化的欲求の充足を望む。「そとむけの拍手かっさいをさそう演出よりも、ほんとうの日常生活における文化的欲求をどのように充足させてゆくか、それこそが今日の文化行政の問題」なのである（梅棹 1993：510）。

「特色ある地方文化」の称揚に対する梅棹の批判は、重要伝統的建造物群保存地区制度や古都保存法[21]といった凍結的な文化財保護制度に向けられ、文化開発論とは一線を画すものとされた。また、後述する「水道蛇口論」や「三等郵便局論」が、隅々まで文化施設を配置するという思想に貫かれていたことの原点には、日本列島改造論やそれに準じた地方自治体の総合開発計画の都市開発政策を乗り越えようとする梅棹の意思が存在していたのである。

第5節　新たな開発としての文化開発

第1項　社会開発から文化開発へ

戦前・戦中の植民地主義に基づく開発政策の系譜は、日本の戦後復興に寄与するかたちで経済開発へとつながっていった。生産や所得の増大化、労働条件の改善を実現した経済開発は、公害問題や自然環境の破壊といった歪みをもたらしたが、他方で社会保障制度を含めた生活の質に人々の関心が集まるようになると、社会開発論が議論されるようになった。社会開発論の台頭は、経済活動における競争社会から脱落した人々を救済する給付行政を担う福祉国家の理想化を促した。福祉国家においては、福祉の受益者に適切な資源を計画的に配分する必要があった。

ここに全総計画に代表されるような計画的な利益配分を遂行する計画行政が誕生した。ただし、安全や地位の確保などの物質的な欲求の充足を企図する計画行政では、人々の政府に対する過剰な負担や過度な期待を際限なく生み出す。やがて計画行政は、行き詰まりを見せていった。

　計画行政に過度に期待された物質的な欲求の充足から心のゆとりや安らぎといった、非物質的欲求の充足が「地方の時代」や「文化の時代」といった合言葉とともに求められるようになったタイミングで文化行政が登場した。計画行政から文化行政への転換は、地域開発から文化開発への移行を意味していた。

　つまり、極めて単純化した図式で表現すれば、経済開発⇒社会開発⇒文化開発という道筋を描くことができる。この戦後における開発の道筋は、①梅棹の文化開発論、②国家プロジェクトとしての文化開発、③革新自治体を中心とした文化行政という3つの側面を想定することができる。①の梅棹による文化開発論は、新たな開発主義の理論的支柱となり、②の第三次全国総合開発計画（三全総）の定住圏構想、大平内閣における田園都市国家構想とも関連した。

　では、本書の核心的テーマである③については、文化開発とどのような位置関係に置かれてきたのだろうか。以下、地方自治体における文化開発の検証に必要な文化開発論と三全総以降の文化開発構想を検証してみよう。

第 2 項　梅棹忠夫の文化開発論

「第二の平安京づくり」構想

　戦後公選制となって 2 人目の京都市長となった高山義三は、戦後の地方自治体における文化行政を先取りする政策を打ち出していった。1950 年に「文化観光資源の維持開発及び文化観光施設の整備」によって、「わが国の経済復興」に寄与する「国際文化観光都市」として京都市を整備する京都国際文化観光都市建設法が制定された[22]。同法の成立を受けて、高山は国際文化観光都市宣言を行った。

　さらにこの宣言に基づいて 1956 年 5 月 3 日、「京都市民は、国際文化観光都市の市民である誇りをもって、わたくしたちの京都を美しく豊かにするために、市民の守るべき規範」として京都市市民憲章が制定された。市民憲章は、次の 5 か条から成っている。

1. わたくしたち京都市民は、美しいまちをきずきましょう。
1. わたくしたち京都市民は、清潔な環境をつくりましょう。
1. わたくしたち京都市民は、良い風習をそだてましょう。
1. わたくしたち京都市民は、文化財の愛護につとめましょう。
1. わたくしたち京都市民は、旅行者をあたたかくむかえましょう[23]。

　高山の文化行政は京都市の組織再編にも及んだ。1958 年には、「教育委員会は教育で手がいっぱいだから、文化は私自身がやる」

と高山は宣言し、市長部局に文化局を設置して、京都市の文化を観光振興の核に位置づけるための組織を設置した[24]。文化は教育行政だけが対象とする領域ではないという高山の思想は、その後の梅棹の「チャージ論・ディスチャージ論」や畑埼玉県政を含む文化行政を標榜した地方自治体が、首長部局に文化行政所管部署を設けた流れを先取りするものであった。

　文化行政を展開する高山は、1963年に加藤秀俊、多田道太郎、奈良本辰也、林家辰三郎、吉田光邦とともに梅棹を招き、京都市の将来ビジョンについて議論させた。その後高山は、風致審議会委員として梅棹を起用したのち、「第二の平安京づくり」構想推進に向けた議論にも梅棹を巻き込んでいった。こうした京都市の開発構想は、京都市長期開発計画として策定に向けた準備が重ねられていった。

　その際に梅棹は、埋蔵文化財と開発事業との関係のように、文化と開発は対立関係にあるように捉えられがちであるが、実際には新たな文化の醸成や文化施設の建設は開発そのものであり、「文化開発」として表現しうるという着想を得た。これが梅棹が文化開発という言葉を用い始めた端緒であった[25]。1965年4月には京都市長期開発計画策定の一環として、経済開発や社会開発、交通問題などの分野での議論と並行して、文化開発調査会議が設けられ、本格的に文化開発が議論された。

　そこでは外国人旅行者などをターゲットに古典演劇などの上演などを通じて日本文化への理解促進や美術工芸や環境デザインなどの包括的学術研究を行う日本文化館について話し合われたが、構想段階にとどまった。

国立民族学博物館

　梅棹の文化開発論が「第二の平安京づくり」構想推進に見られるような議論の積み重ねだけに終わっていたのであれば、その後の文化行政に与えた影響力は局所的であっただろう。田園都市国家構想のような国家プロジェクトへと文化開発論が昇華していくためには、事業として明確なかたちが人々の前に示される必要があった。大阪万博跡地に国立民族学博物館が設置され、その館長に梅棹が就任したことは、文化開発を具現化したものとして広く人々に受け止められた。これを契機に文化開発は、社会開発に代わる新たな開発手法として政府や地方自治体の政策に直接的・間

写真4　国立民族学博物館

接的に取り込まれていった。

　そもそも梅棹の認識では、1964年の東京オリンピックは多くのスポーツ施設建設を伴う文化開発であった。このオリンピック準備の一方で、梅棹は大阪万博開催に向け、林雄二郎、川添登、小松左京、加藤秀俊とともに「万国博をかんがえる会」を結成した。「万国博をかんがえる会」は、万博の理念とテーマを決定するための委員を選定した。その委員の一人として選出された岡本太郎の発案により、諸民族の生活用具展示が検討された。渋沢敬三による民族学資料の収集と展示が発案されて以来、民族学博物館設立は、梅棹をはじめとする日本民族学会（現・日本文化人類学会）会員にとって大きな目標となってきた。大阪万博は、民族学博物館設立機運を高める絶好のチャンスとなったのである。

　大阪万博開催中から当時大蔵大臣であった福田赳夫の私的諮問機関である万国博覧会跡地利用懇談会によって、万博跡地の利用に関して意見が交わされていた。梅棹の強い働き掛けもあり、万博跡地に博物館を配置する案が具体化していった。1973年、文部省内に博物館創設のための準備室が設けられた。1974年、文化人類学・民族学の調査研究や民族資料の収集・公開を通じて、「世界の諸民族の社会と文化に関する情報を人々に提供し、諸民族についての認識と理解を深める」ための施設として国立民族学博物館が創設され、1977年に開館した。

　「この国立民族学博物館の創設の仕事は、わたしが手がけた文化開発プロジェクトのなかで、もっともおおきなものとなった。」（梅棹 1993：19）と梅棹が語ったように、国立民族学博物館の設立は文化開発の一つのかたちだった。この博物館設立プロジェクト

は、その後の梅棹が関わった大阪文化振興研究会の活動、滋賀県の「文化の屋根委員会」および滋賀県立琵琶湖博物館設立などへと展開されていった。こうした梅棹の活動の先に後述する田園都市国家構想の基礎が形成されていったのである。

第3項　国家プロジェクトとしての文化開発

第三次全国総合開発計画（三全総）の定住圏構想

　一全総と二全総の失敗は、それに続く三全総の方向性に大きく影響した。1977年に策定された三全総では、一全総の拠点開発方式、二全総の大規模プロジェクト方式に代わる計画の柱として「定住圏構想」を掲げた。三全総の説明によれば、定住圏とは、都市・農山漁村を一体とした山地・平野部・海の広がりを持つ圏域で、地域開発の基礎的な圏域であるとともに流域圏・通勤通学圏・広域生活圏としての生活の基本的圏域を表していた。定住圏構想には、①自然環境や歴史的環境の保全と開発の調和、②人口急増などの社会問題を背景に、住・生活環境の整備や食料・エネルギー資源の確保といった国民生活基盤の整備、③大都市や地方都市、農山漁村の総合的環境整備などが、解決すべき課題として盛り込まれた。さらに、定住構想の基礎を形成する大学等の高等教育施設、文化施設、医療施設の適切な配置が三全総に謳われた（西川 2002：39）。

　このうち文化施設の適切な配置については、その前提として物の豊かさから心の豊かさへの移行、地域社会における人々の連帯が求められている他方で、文化情報の中央への集中の結果、文化

の発展が一層促進され、文化における中央と地方の格差が拡大する可能性が指摘された。この傾向は文化施設にも当てはまり、大規模な博物館や美術館、国際会議場などは東京や大阪などの大都市に集中し、地方との間に大きな格差が存在していた。定住圏構想の実現のためには、地域の特性を生かした地域文化の振興を図りつつ、全国いずれの地域においても優れた文化を享受すると同時に、住民が文化活動に参加するための「広場」としての文化施設整備の必要性を三全総は説いていた。

文化施設の適切的な配置による中央と地方の文化格差是正を掲げた三全総の戦略は、梅棹の文化開発の思想と極めて近い関係にあった。国民の文化的欲求の増大を背景に、文化施設を全国くまなく配置する梅棹の文化開発論は、直接的に三全総に影響を与えたわけではない。しかし、新たな国土開発の方向性を模索する中で文化開発の思想は、梅棹個人の考え方にとどまることなく、当時の日本における国家戦略として主要な位置を占めていった。

三全総が捉えた課題のとおり、定住圏構想の出発点は、市民の生活レベルにあった。1970年代における日本の農村社会では、「農村の人たちも、農業が先行き暗いし、早く都会に移住しようと思う若者が多くなってきて」(下河辺 2016：156)、安定的な生活環境を求めて人々は都市へ移住した。しかし、農村部から都市部への移住者の多くは、「都市へ来た人たちが安住しているかというと、皆、仮住まい的であって、2DKに住んで遠距離通勤をやっていても、いずれは自分の家を持ちたい」と考えている。当時、居住環境は流動的で不安定だった。下河辺が、「日本中がどうも定住性を失っているということに着目して、定住するための条件

は何であるかという論争をしたのが、三全総のディスカッションの中心だった」と述べるように、人々の生活に寄り添う開発のあり方を示そうとしたのが三全総であった[29]。

　三全総を特徴づける定住圏構想は、大平正芳の田園都市国家構想と極めて近い関係にあったことは見逃せない。三全総と田園都市国家構想を結ぶ公式のつながりは存在しないが、三全総策定過程において田園都市国家構想の思想は大きな影響力を持ち、結果的に両者は共通した理想を掲げていた（竹野 2015：134-135）。都市政策学者の本間義人によれば、田園都市とは「ロマン」であるのに対し、定住圏とは「国土計画の開発戦略である定住構想を実現するための手法」であって、本来両者の関係は極めて遠い位置にあり、「当たり前の政策手段では交錯するはずもない」ものだった。この両者を重ね合わせようとしたのが、三全総であった（本間 1992：126）。

　田園都市国家構想が目指したのは、「単なるモノづくり、あるいはウツワづくり」ではなく、「人々の心がつながりあった地域共同体づくり」と本間が指摘するように、ハードの整備ではなく人々の内面的なつながり形成を意識した思想が、この構想に含まれていた。他方で、大平自身は結果的に「指定と建設」という従来の国と地方をめぐる開発主義的な枠組みに堕してしまう危惧を抱いていた。

　本間は三全総における定住圏構想と田園都市国家構想の総論的な議論を踏まえて、三全総に基づくモデル定住圏の一つとして指定された両磐モデル定住圏（岩手県一関市、平泉町など1市6町2村）の検証を行っている。その検証過程で岩手県としては補助金

システムからの脱却と独自の地域づくりの推進を模索する一方で、市町村の立場としてまず目に見える「モノ、ウツワをつくることによって住民の支持を得たいという魔力」に抗うことができなかった点を指摘した（本間 1992：136）。

　一全総・二全総までの開発主義的な政策を見直し、中央だけでなく地方における安定的で良好な生活環境の整備を施行した三全総は、今日の地域コミュニティ再生によるまちづくりの方向性と高い親和性を持つ。しかし、地域の現実は必ずしも本来の政策的な意図は盛り込まれず、むしろ地方の隅々にまでより一層の開発を促すことになった。国－都道府県－市町村というタテ型の行政機構のいずれかにおいて、新しい政策的なアイディアを創出したとしても行政機構相互の密接な関係によってそのアイディアは改変され、現実的な事業に反映されない。従来の開発主義的な政策手法が、再生産されるのみであった。

大平内閣と田園都市国家構想

　福田赳夫内閣の後を受けて 1978 年 12 月に大平正芳内閣が発足した。内閣総理大臣となった大平は、翌年の 1 月 25 日に開かれた第 87 回国会における施政方針演説で次のように述べた。

> 私は、このように文化の重視、人間性の回復をあらゆる施策の基本に据え、家庭基盤の充実、田園都市構想の推進等を通じて、公正で品格のある日本型福祉社会の建設に力をいたす決意であります。（中略）
> 私は、都市の持つ高い生産性、良質な情報と、民族の苗代とも

いうべき田園の持つ豊かな自然、潤いのある人間関係とを結合させ、健康でゆとりのある田園都市づくりの構想を進めてまいりたいと考えております。緑と自然に包まれ、安らぎに満ち、郷土愛とみずみずしい人間関係が脈打つ地域生活圏が全国的に展開され、大都市、地方都市、農山漁村のそれぞれの地域の自主性と個性を生かしつつ、均衡のとれた多彩な国土を形成しなければなりません。私は、そうした究極的理念に照らして、公共事業計画、住宅政策、福祉対策、文教政策、交通政策、農山漁村対策、大都市対策、防災対策等、もろもろの政策を吟味し、その配列を考え、その推進に努めてまいります。[30]

　政権運営の基本理念として田園都市国家構想が提示された背景には、この施政方針演説の約2週間前に大平の私的諮問機関として立ち上げられた政策研究会での議論があった。大平は政策研究会第1回の会合で田園都市構想を説明した。説明の趣旨を要約すると、①田園都市構想とは国家形成における基本理念であり、個々の政策はこの基本理念に基づく、②田園都市構想においては、基礎自治体の自主・自立性を尊重するとともに、都市間や都市と農村の相互補完的関係を重視する、③田園都市構想は教育や文化など、すべての人間の営みを包括し、三全総の定住圏構想よりも広い理念であり、人間の内面的なものも射程に入れる、というものであった。

　政策研究会は、内閣総理大臣補佐官の長富祐一郎を全研究会の進行役として、知識人や若手官僚が9グループに分かれて会合が開かれた（**表1**）。

グループ名	議長
田園都市国家構想研究グループ	梅棹忠夫
総合安全保障研究グループ	猪木正道
文化の時代研究グループ	山本七平
多元化社会の生活関心研究グループ	林知己夫
科学技術の史的展開研究グループ	佐々学
文化の時代の経済運営研究グループ	館隆一郎
対外経済政策研究グループ	内田忠夫
環太平洋連携研究グループ	大来左武郎
家庭基盤充実研究グループ	伊藤善市

表1 政策研究会内グループ一覧

　このうち文化開発に直接かかわる議論が重ねられたのは、田園都市国家構想研究グループである。その議長として梅棹に白羽の矢が立った。当初梅棹はこの話に難色を示していたが、劇作家の山崎正和の説得により最終的に受諾した。田園都市国家構想研究グループは、梅棹のほか、香山健一、山崎正和、飽戸弘、浅利慶太、石井威望、井出久登、黒川紀章、小池和夫、小林登、竹内宏に若手官僚を加えた総勢22名で構成された。

　田園都市国家構想の発想は、1960年代初頭段階ですでに存在していた。この当時、中央集権型社会から地方分権型社会への移行が議論されていた。これに対して梅棹は、廃藩置県以前に立ち返ればそもそも日本では地方ごとのユニークな文化的厚みが存在してきたことを指摘した。その上で、梅棹の主張は中央による地方の搾取をやめ、地方の文化的充実を図り、中央と地方の格差を是正すべきであり、そのためには学校や病院、図書館、運動場な

どの文化施設を地方に充実させる必要があるというものであった[31]。

田園都市国家構想の基礎となった「新京都国民文化都市構想」

もう一つ、田園都市国家構想の直接的な基礎となったのは、1980年に発表された「新京都国民文化都市構想」である（梅棹1980a）。この構想の発端は、京都大学総長であった奥田東を中心に1978年、関西学術研究都市調査懇談会が発足し、関西学術研究都市構想が打ち出されたことにあった。関西学術研究都市調査懇談会の席上で梅棹は、都市構想が理工学系の議論だけに偏ることを懸念し、「文化」という要素を組み入れることを提案した。その提案内容こそが「新京都国民文化都市構想」であった[32]。

新京都国民文化都市構想の目的は、「地方の時代」というかけ声や三全総に見られるような明治期以前の分散型社会への回帰を背景に、中央と地方の間の文化的格差解消にあった。文化は私事ではなく、公事や国事として政策的に解決すべき対象領域であり、中央 − 地方間の文化的な格差を是正することもまた行政や政治が扱う課題だった。

梅棹は中央 − 地方間の文化格差是正という政策的課題の解消にあたって、三全総の定住圏構想を前提として、各定住圏に国民文化センターをくまなく配置する提案を掲げた。国民文化センターとは、美術や音楽、演劇などの美術館や劇場の要素、図書館や博物館に見られる知的文化形成の要素、スポーツ施設を併せ持った複合文化施設である。同時に、各定住圏に配置された国民文化センター群の中核的施設を設置し、各国民文化センター設置の推進

や文化行政を担う専門職員養成を所管する構造が示された。それはあたかも総国分寺と国分寺の関係になぞらえることができるものだった。[33]

　総国分寺−国分寺構想は、本体だけでなく付帯施設も含め、既存の都市の内部ではなく、新たな都市づくりとして想定されるものであった。特に総国分寺はカトリックの総本山がヴァチカン市という一つの都市であり、天理教の本部が天理市という一つの都市であるように、「国民文化都市」ともいうべき一つの都市を意味した。文化を基軸とした新たな都市づくりという点は、関西学術研究都市構想との強い親和性を持っていたため、関西学術研究都市調査懇談会での議論ともうまくかみ合ったのである（梅棹ほか 1982）。

　以上のように梅棹の文化開発論は、単に文化施設の適正配置を提案したのではなく、各地域に新たな都市開発を促すものであった。その手法は文化による都市開発を進めるためには、国民体育大会の方式にならい、定住圏の持ち回りで「国民文化祭」を開催し、劇場や競技場などの必要な施設を国の補助金により順次整備していくというものだった。この国民文化祭という同名のイベントは、1986年以降、当時の文化庁長官であった三浦朱門の手によって開始された。ただし、三浦の手による国民文化祭は、都道府県持ち回り方式という点では共通していたものの既存施設の利用にとどまるものであり、梅棹が提唱したアイディアとは異なっていた（梅棹 1993：319）。

　さらに国体方式による文化都市開発は、それ自体が経済的投資であった。一全総の拠点開発方式に基づく新産業都市の場合、環

境問題を引き起こしただけでなく、第二次産業誘致という開発手法自体の限界が見えた。新産業都市と一線を画す国民文化都市では、文化的サービスという新たな産業によって雇用を生み出し、地方への人口再配置が期待された。

田園都市国家構想の結末

ここで田園都市国家構想に話を戻そう。梅棹の「新京都国民文化都市構想」は、中核施設と同時に各地域単位で文化施設を配置する総国分寺－国分寺という配置案を含むことで、説得力を獲得した。この発想はそのまま「田園都市国家構想」に係る議論の土台となった。したがって田園都市国家構想研究グループでの基本的な論点は、ほぼ「新京都国民文化都市構想」と同じものであった。

その中でも文化開発に触れた箇所を取り上げてみよう。梅棹によれば、「今日の国民は、単なる日常の安楽さをこえ、伝統的ならびに国際的な価値観に立って、より高次の文化的な活動への欲求」を抱いており、他方で「村や町についても、そこに晴れの場としての品格をもとめ、それぞれの地域に対するほこりと愛着の象徴となるものを期待」しているという。そして、「政治は、こうした要求にこたえて、地域の文化開発にすすんでとりくみ、芸術・芸能・スポーツなどのための文化施設はもちろん、それらの運営のための人的・資金的な援助に飛躍的な投資をおこなうべき」と文化開発の政治的推進を提言した（梅棹 1993：340）。

人々の文化的欲求の充足と地域に対する誇りの象徴創出としての文化開発のアイディアは、田園都市国家構想という国家戦略を

具現化させるキーワードの一つとなった。同時に、梅棹に対する世間の評価も変化し、一民族学者から「国家デザイナー」という肩書が加えられた（津野 1982：94-103）。

　田園都市国家構想研究グループは会合を重ね、1979 年 4 月に中間報告書を大平総理に提出した。その後も議論は継続されたが、翌年の 6 月 12 日の大平総理の急逝により中断を余儀なくされた。各研究グループの報告書は、次の鈴木善幸総理に提出されたものの、「ふたたび日の目をみることはなかった。どこかの棚のうえにのせられたままになっているのだろうが、棚からおろして政策として論議されることはなかった。こうして、田園都市国家構想も国民文化都市構想も空にきえた」（梅棹 1993：64）のだった。[34]

田園都市国家構想、文化開発論と革新自治体における文化行政の位置関係

　国家プロジェクトとしての田園都市国家構想は、日の目を見ることがなかったものの、国立民族学博物館の創設などの文化開発事業は着実に実を結んでいった。この文化開発の奔流に沿いながら全国の地方自治体は、良好な経済状況を反映した地方財政の豊かさを背景に、競い合うようにして文化ホールなどの文化施設を建設していった。

　文化施設建設事業自体が目的化した自治体も少なくなかったが、その中でも革新自治体を中心として、田園都市国家構想やその理念的基礎となった梅棹の文化開発論に呼応するような政策を展開する自治体も現れた。

　大平首相と同時期に革新知事として埼玉県政を担っていた畑は、大平と同年齢だった。この二人と同年齢の超党派国会議員は、戌

年生まれであることから「ワンワン会」と呼ばれる親睦団体を結成し、度々顔を合わせていた。「旧知の人が首相だし、考え方も私らに近い」(畑 1979：236)と畑が語ったように、「地方の時代」というスローガンに代表される国土の分散的再編成の意味合いを持つ田園都市国家構想は、自治体の自己決定権の確立や文化的視点から行政全体を問い直そうとする行政の文化化の考え方に近似していた。

梅棹は、7期28年の長期にわたる革新府政を継続させた蜷川虎三京都府知事の政策を「「革新」という名の超保守政権」と酷評し、「文化開発をはじめ、開発といえるような変革はほとんどおこなわれることがなかった」ことを批判した (梅棹 1993：94)。梅棹の文化開発や大平の田園都市国家構想は、左派系の革新自治体による文化行政とは相容れない政治理念のように受け止められる。しかし、たとえば革新自治体の文化行政において教育政策の中でのみ文化を扱うことなく、首長直属に文化行政所管部署が創設されていったことは、梅棹の「チャージ論・ディスチャージ論」の議論とも重なる部分である。また、「総国分寺－国分寺論」のような文化施設ネットワーク整備は、埼玉県各所に複数の県立図書館や県立文化会館が矢継ぎ早に建設されていったように革新自治体の文化行政でも実現した。

したがって梅棹の文化開発論や大平の田園都市国家構想は、革新自治体の文化行政に直接的なつながりはないものの文化行政を理念的にリードし、その施策や事業の方向性にも影響を与えた。一見制度上あるいは政治的イデオロギー上対立的な関係に見受けられるものの、実態として国と地方、左派と右派は、新たな政策

対象としての「文化」に注目していったという点では一致していた。ただし、そこでは「文化」や「地方」以上に「開発」という巨大なイデオロギーが共通のプラットフォームとして用意されていた。1990年代以降、文化施設建設を含んだ都市の再"開発"が近代以降の開発主義の系譜上に位置していったことは、文化開発が従来の開発主義から決して無縁ではなかったことを物語っていた。

第6節　全総型開発の結末：四全総・21GD

　国土開発計画における文化開発のその後を知る上で、三全総に続く第四次全国総合開発計画（四全総）や第5番目の全総計画である21世紀の国土のグランドデザイン（21GD）に触れておく必要がある。

第1項　第四次全国総合開発計画（四全総）と「たくましい文化」

中曾根政権における「たくましい文化」

　鈴木内閣後、1982年に中曾根康弘内閣がスタートした。中曾根は施政方針演説の中で、「たくましい文化と福祉の国日本」を政治目標に掲げた。「焼け跡に立っての、文化国家、福祉国家の叫びは、戦前の日本の軍事優先の考え方や自由の拘束された時代から解放された国民が熱望した新しい価値であります。しかし、当時、国民が直面していた困難の前には、それは一片の理論や理想にすぎませんでした」とし、高度成長期を経て「経済大国」と

なった日本社会に合わせた新たな理念として中曾根は「たくましい文化」を掲げた。

中曾根によれば、ここでいう「たくましい」とは、「人間の自由と創造力、生きがいという心の内なるものを尊重する考え方を指すものであります。それは、国民がわが国のよき伝統である連帯と相互扶助の精神をとうとび、生涯を通じて互いに学び合い、切磋琢磨する姿勢の中から生まれてくる」のだという。[35]

しかしこの説明をもってしても「たくましい文化」の内容は理解しにくい。実際に国会での議論でも、「あなたが言われています「たくましい文化と福祉の国」づくりという、この意味がちょっとよくわからないのですよ。「たくましい」というのはどこへかかるのか」[36]と中曾根が問われたように、中曾根政権当時でも内容は人々にあまり理解されていなかった。

吉見が指摘するように「たくましい」という言葉は、実際には「文化」にかけられていない。中曾根の本音は「たくましい国家」の実現にあった。大平内閣が田園都市国家構想を掲げる中で、中央から地方へ、経済から文化へという転換を図ろうとしていたが、中曾根内閣は「たくましい国家」をテーマに、中央への再集中、経済から政治へという再転換を図った。やがて「たくましさ」は「強靱」に置き換えられ、第二次安倍内閣の新自由主義的政治理念まで引き継がれていった（吉見 2021：221-224）。

四全総と文化首都論

1986年より国土庁は、第四次全国総合開発計画（四全総）の策定準備に入っていた。三全総や大平内閣の「田園都市国家構想」

を基盤として、四全総もまた「文化」や「地方」を重視した内容が想定されていた。「文化」や「地方」をキーワードとした都市開発の流れは、文化首都という言葉に集約されていった。

文化首都という言葉自体は1940年代後半、日本が敗戦後に文化国家建設を目指す中で生れていた。東京都において際限なくスプロールする巨大都市となることを防ぎ、緑で囲まれる多核心的な都市ネットワークを形成する一方、文化施設や教育施設を配した文教地区建設を目指そうとする都市計画が文化首都であった。つまり、文化首都は皇国都市からの転換を図る都市再生策であると同時に、国土計画としての可能性を含んでいた。ところが実際には、「ほとんど戦後の都市景観に具体化しないまま幻の計画」で終わることとなった（吉見2021：129-130）。

文化首都という言葉が再登場するのは、1980年代に入ってからのことである。すでに述べたように、梅棹も議論に参加した1978年の関西学術研究都市調査懇談会の提言を踏まえ、1983年に京都府、大阪府、奈良県および関西経済団体などによって「関西文化学術研究都市建設推進協議会」が設立された。関西経済連合会会長であった日向方斉は、関西文化学術研究都市建設推進協議会代表委員の立場で中曾根首相ら政府首脳を訪ね、「新文化首都」の基本構想を手渡した。もちろん文化首都の前に「新」が付けられたのは、敗戦直後の文化首都構想を踏まえたものだった。この構想では、学研都市に立地する研究施設への特別償却制度の適用をはじめとする税制改革実施や第二理化学研究所などの学術研究施設の整備などが政府に対して要望された。そして関西圏を「文化首都圏」と位置づけ、「その中核となる学研都市は世界的な

新文化首都であり、日本だけでなく世界の未来にとっても大きな意義を持つ」という性格付けがなされていた。[37]

1987年、「新文化首都」基本構想策定を手掛けた下河辺は、梅棹に「文化首都の研究をやってみないか」と持ち掛けた（梅棹1993：107）。三全総やこれを基盤とした田園都市国家構想を引き継いだ新文化首都構想は、総合研究開発機構の委託研究として千里文化財団がこの研究を受託し、梅棹は国立民族学博物館のメンバーを中心とするチームを編成して研究にとりかかった。研究会は1989年から91年にかけて開催され、イスラマバード、イスタンブル、カイロ、ローマ、フィレンツェ、ベルリン、パリ、ボストン、ニューヨーク、リオデジャネイロ、ブラジリアの11都市を視察するなど精力的な研究を重ねていった（総合研究開発機構1992）。

ところが新文化首都構想は、中曾根政権の登場により急激に失速していった。「地方」や「文化」から「中央」や「政治」へと方向転換を図った中曾根内閣は、第四次全国総合開発計画（四全総）の内容にも直接影響を与えた。1986年より国土庁が策定に取り組んでいた四全総案は、地方重視の三全総を活かした内容だった。しかし、中曾根首相の指示で大都市対策を盛り込むよう指示があり、国土庁は四全総の大幅な練り直しに迫られた。これに対して熊本県知事であった細川護熙は、「地方の活力をそぐもので許せない。人口や産業を地方圏に誘導、分散して国土の均衡ある発展を図るべきだ」と批判した。[38]

結局、1987年6月に閣議決定された四全総は地方の猛反発を受け、三全総の定住圏構想を継承し、高速道路網や空港整備に

よって地方に定住を促す「多極分散型国土構想」を国土庁は四全総に盛り込んだ。一方で国際金融、国際情報の中枢都市としての東京圏の整備を進めるという、双方の政策に配慮した内容となった。[39] 結果的に従来の国土開発が前景化することで新文化首都の構想は、四全総の中での明確な位置づけを失っていった。

第2項　ふるさと創生

ふるさと創生と文化行政の接点

　1987年11月、中曾根内閣の後を受けて竹下登内閣が発足した。首相となった竹下は施政方針演説の中で、「地域の創意と工夫を基軸とした地域づくりを基本とし、そのための基盤となる交通、情報・通信体系の整備と交流促進のためのソフト面の施策の拡充を内容とする交流ネットワーク構想の推進により、多極分散型の国土の形成を図る」四全総の考え方と竹下が掲げる「ふるさと創生」とは、基盤を同じくすると述べた。

　「ふるさと創生」とは、「地方が企画し、国が応援する態勢をとる。地方が国に合わせるのではなく、国が地域密着型の行政をめざす」政策であり、[40] 竹下内閣が中曾根内閣の東京重視の政治姿勢を問い直し、地方重視へと再び舵を切ったことを象徴するものであった。

　しかし、ふるさと創生は地方重視の姿勢を打ち出したものの、決して三全総の定住圏構想や大平首相の田園都市国家構想への回帰ではなかった。竹下政権時に自治大臣だった梶山静六が、「ふるさと創生というその中には田中角榮元首相の唱えた日本列島改

造論、この一面があることは間違い[41]」なかったと語ったように、ふるさと創生は日本列島改造論のような均衡ある国土開発をめざしていた。日本列島改造論との違いは、「もちろんハードの面もございますけれども、むしろソフトの面に主軸を置いた考え方[42]」にあった。

　ソフト面を主軸とした地方の自立を図り、ふるさと創生資金として全国の3,268市町村（東京都特別区を含む）に1億円が配られた。各市町村による1億円の使い道は、「○○の里」づくりのような地域イメージづくりや「城跡復元」のような伝統文化の継承と活用、温泉掘削による観光資源開発、「○○塾」や海外派遣などの人材育成だった。

　その中でも絵本による町おこしを進め、現在でも絵本の町を前面に掲げる北海道剣淵町や市有林を永久に切らない「不伐の森宣言」を掲げ、緑の保全を図ってきた山形県長井市など、ふるさと創生資金を使用しつつ独自のまちづくりを展開する自治体が現れた[43]。政府によるふるさと創生資金の地方自治体への交付は、「カネ配りだけ先行[44]」したものの、その有効な使い道を見出すことのできない地方自治体が少なくなかったが、他方で「まちおこし」「むらおこし」として自立した地域経営を実現できた一部の自治体の事例は、ふるさと創生事業の趣旨の具現化を果たすことができた。

　他方で、基礎自治体による独自の「まちおこし」「むらおこし」運動の中には、1979年の平松守彦大分県知事が提唱した「一村一品運動」に端を発するものがあった。たとえば、1983年の北海道一村一品運動、ふるさと一品運動（広島県）、新ひむかづくり

運動（宮崎県）、ジゲおこし運動（鳥取県）、1984年のくまもと日本一づくり運動、ふくしまふるさと産業おこし運動、ふるさと産品開発（京都府）といった「おこし」運動が、次々と展開された（松井ほか編 2006）。「まちおこし」「むらおこし」運動の過熱ぶりは、さらなる自立した地方経営を国が後押しする政策としての「ふるさと創生」を生み出した。

「まちおこし」「むらおこし」運動を後押しする「ふるさと創生」は、1970年代以降の革新自治体を中心とした文化行政推進の中で展開されてきた文化事業とも近似性を持っていた。なぜなら政策全体を文化的な視点から問い直そうとする文化行政の方向性は、ソフト面に主軸に置き、少なくとも表向きは地方の自主性や自律性を尊重したふるさと創生事業の思想と親和性を持っていたからである。文化行政による独自事業として立ち上げられたものの中には、1980年代後半にふるさと創生事業の趣旨に適合させ、ふるさと創生資金を投入する事例もあった。

首都機能移転に伴う地方都市整備

また「ふるさと創生」の一環として、竹下首相が掲げた「1省庁1機関の地方移転」も首都機能を地方へと分散させようとする多極分散型国土の形成を意識した政策だった。ただし繰り返しになるが、この政策思想は、三全総の定住圏構想を下敷きにしたものではなく、均衡ある国土開発としての日本列島改造論と共鳴し、結果的に都市開発を後押しした。

中曾根政権下の1986年に決定された首都圏基本計画では、東京への過度な集中を是正し、首都機能の一部を横浜、川崎、浦和、

大宮、千葉などの周辺中核都市へ移転させることが盛り込まれた。これに合わせるように東京駅周辺や汐留地区の大規模開発が進むとともに、東京（臨海副都心）と横浜（みなとみらい21）、千葉（幕張メッセ）、埼玉（さいたま新都心）が競って首都機能移転候補地に名乗りを上げた。

埼玉県はJRから旧大宮操車場跡地を買収し、埼玉コロシアムや商業ビル、ヘリポートやモノレール駅を複合させた交通センター、常設見本市「埼玉メッセ」といった経済や交通、文化の機能を集約させた都市開発を企図していた。その手法は、大宮ソニックシティ（埼玉県産業文化センター）で実践した民活（民間活力）を応用する計画だった。

ところが竹下内閣が成立し、ふるさと創生論が台頭すると、これに便乗するように自民党内では、遷都やリゾート開発をめざす議員連盟などの動きが活発化した。対照的に中曾根政権の特徴であった民活や規制緩和論は影を潜めた。ただし、「遷都や地方活性化といっても、それを口実に地元への利益誘導を強めようという動きではないか」という冷ややかな見方も存在した[45]。

地方都市のインフラ整備への動きが加速化する中で、埼玉県は「民活路線」から「1省庁1機関の地方移転」へと舵を切り、政令指定都市への移行と併せて、さいたま新都心における16政府機関の移転へ向けて動き出した[46]。埼玉コロシアムや埼玉メッセといった文化施設を兼ね備えたさいたま新都心建設は、埼玉県の文化行政の流れと民活や多極分散型国土といった国家戦略との結節点だった。

第 3 項　五全総（21世紀グランドデザイン）と全総計画の終焉

　1998年に策定された戦後5番目の国土計画は、第五次全国総合開発計画（五全総）とせず、21世紀グランドデザイン（以下、21GD）と命名された。少子高齢化や国と地方の財政問題、資源・環境問題の顕在化、経済社会生活のグローバル化の進展といった諸課題を背景に、四全総までの国土開発政策とは一線を画し、新しい国土計画として打ち出すために五全総とは呼ばなかった。

　この21GDでは、「北東国土軸」「日本海国土軸」「太平洋国土軸」「西日本国土軸」の4つの「国土軸」からなる「多軸型国土」の形成を掲げた。気候や風土、文化、地理的特性で共通性のある地域およびその連なりからなる幅広の軸状の圏域を表す「国土軸」は、①小規模でまとまりのよい都市が交通、情報通信基盤で結び付けられた都市系ネットワークと田園、森林、河川、沿岸からなる自然系ネットワークが重層的に共存、②都市と農山漁村の連携のもと、ゆとりと利便性の享受が可能、③歴史と風土の特性に根差した新しい文化と生活様式がはぐくまれる、④特色ある付加価値の高い産業を有する、といった特徴を備えるとされた。

　文化開発に関連する項目に注目すると、文化や美観を重視した国土の再生を目指し、歴史的街並みの保全や文化遺産の保護推進を掲げた。また、地域の芸術文化の振興を図るとともに、文化遺産の活用による観光振興を目指すことが21GDに盛り込まれた。

　このような脱開発や歴史や文化重視のスキームが生まれた背景には、それまでの全総型開発に対する人々の倦厭感が存在した。朝日新聞は「「五全総」ならいらない」という社説を掲載し、「その都度、国民にバラ色の夢を振りまきながら、期待を裏切ること

が多かった。無残な夢の跡は、各地にいまも目につく。国民がしらけるのも当然」と断じた。[47]

しかしこのような批判の上で脱開発を謳った21GDであったが、地方の開発を望む声は依然として少なくなかった。たとえば北海道経済同友会は、21GDの策定を睨んで新たな定住人口の増大を予測し、「北海道ならではの豊かな自然環境を生かして受け入れることで地域の活性化を進める」ために、農業体験施設や環境に関する教育施設の整備を図ろうとした。[48]他にも、四国4県や四国地方建設局、四国経済連合会などの団体や企業で構成する歴史・文化道推進協議会は、歴史・文化道整備計画を策定した。本州と四国を結ぶ「本州四国連絡橋」の建設を背景に、「こんぴらさんと空海の里」「明治維新の人物群を結ぶ」といったルートを想定し、四国内に点在する「歴史的文化遺産を結ぶ道路網を整備」することによって「観光客誘致や地域活性化につなげる」ことを目指した。[49]

21GDは脱開発の旗印として自然環境の保全や歴史、文化を活かした地域づくりといった文言を盛り込むものの、内実としては開発を望む地方の声を背景に六つの海峡横断道路や工業地帯の整備を推し進め、従来の開発計画から抜け出すことはできなかった。政治学者の小林良彰は五次にわたる全総計画について、「問題なのは、公共投資をどの地域で行うのかの客観的な基準がなく、政治家による利益誘導の機会となったこと」と指摘し、「陳情政治文化」に原因を求めた。[50]自然環境保全や地域の歴史や文化を活かしたまちづくりという文化開発は、従来の「陳情政治文化」という「文化」を打破できないまま、21GDの終焉をもって全総自

体が廃止されることとなった。

　しかし全総を規定してきた国土総合開発法は2005年に廃止され、同年に国土形成計画法が制定されたものの、道路建設や大型架橋事業などの公共事業による地域経済浮揚策は継続された。このため「計画は事実上の「六全総」」に過ぎず、看板としての法律や計画の名称が書き換えられてもなお、これらの法律や計画は一貫した開発主義政策の延長線上に位置づけられた[51]。

　国レベルでの文化に関連した開発は、市民生活の質的な向上や個人の生き方に関わるような個々の地域・生活レベルの問題ではなく、道路や港湾の整備、工業地帯開発のような産業・経済開発を推進する上で、その批判をかわすための方策に過ぎなかった。文化という言葉が、国土開発推進の免罪符になっていたのである。そこには国家としての意思だけが存在するのではなく、国家の意思を後押しする地方の"声"が存在してきた。開発を望む地方の人々にとって地方での豊かさを手に入れるためには、すべてにおいて開発が前提であって、開発理由は後付けに過ぎなかった。

第2章　国土の開発から暮らしの質向上へという「未来」

第1章では、5つの全総をなぞる形で経済開発から社会開発、そして文化開発という流れを確認した。文化開発は「たくましい文化」や「ふるさと創生」といった政治的メッセージが政権によって打ち出される中で、戦前期から引き継がれてきた国土開発の様相を色濃くしていった。この流れは決して地方における開発政策の動向と無関係ではなかった。

　第2章では、このことを文化行政の旗振り役の一つであった埼玉県をケーススタディーとして取り上げ、分析を試みる。戦後、都市郊外型開発の対象地として急激な人口増加とそれに伴う社会資本整備が求められ、政治面では保守王国であったにもかかわらず20年間にわたって革新系知事が県政を担うという特異な環境の中で、いかにして埼玉県において文化行政が成立したのか。このことを埼玉県ならびに埼玉県内基礎自治体の動向から読み解いていこう。

第1節　戦後の地域社会における開発の実像

　戦後の国土開発は、ナショナルなレベルの中で展開されると同時にリージョナル（県域）レベルにも深く影響を与えた。特に1950年代後半から70年代初頭までの高度成長の時代には、産業構成や生活様式、価値観の多様化を生み出した。産業から生活にいたる社会の工業化は、地方から東京、名古屋、大阪の三大都市圏へと急激に人口集中させていった。

　近代以降の日本における人口移動は、①第二次世界大戦以前の人口移動と②高度成長期における人口移動の二つに大別される。

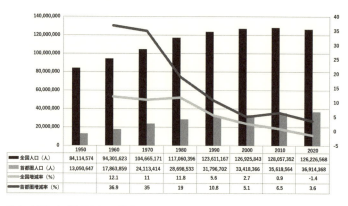

図4 全国および首都圏人口の推移
(内閣府 (2011) より引用者作成)

　第二次世界大戦以前の人口移動は、農村地域の過剰人口を主な要因とするものの、農村地域からあまり離れていない地域への移動であるために農村地域との関係を維持し続けていた点に特徴を持っていた。

　これに対して高度成長期の人口移動は、産業構成の変動によって第一次産業人口が、第二次・第三次産業へ激しく流出し、三大都市圏のうち特に東京圏への人口集中を拡大させた点に特徴があった（土山 2007）。首都圏の人口は、1950年に1,305万人、1960年に1,786万人であったが、1970年には2,411万人にまで達し、1950年から8割以上増加した（**図4**）。

　この背景には、1960年代以降の都市のスプロール化による都市郊外開発の増大化があった。都市郊外の団地建設は1955年の

住宅公団設立に見られるように、すでに 1950 年代から顕著となっていたが、1960 年代以降における鉄道網の整備に伴ってより広範囲にわたって進められた。

住宅整備の代表例としては、千里ニュータウン（1958 年）、高蔵寺ニュータウン（1965 年）、多摩ニュータウン（1965 年）、筑波研究学園都市（1963 年）といった大都市外延部のニュータウン建設を挙げることができる。加えて東京オリンピック（1964 年 10 月）、大阪万国博覧会（1970 年 3 ～ 9 月）、札幌冬季オリンピック（1972 年 2 月）といった国家的な文化開発事業を契機として、都市交通や住宅等の社会資本整備がさらに急速に推し進められた（鈴木 2019：47）。

都心部の人口は 1960 年代に 831 万人、1970 年代に 884 万人へと増加傾向にあったが、1980 年には 835 万人へと減少傾向に転じた。一方で、郊外では転入による社会増で人口が増大するとともに、転入者家族が子供を産み育てることによる自然増によって人口増大のスピードは加速した。1960 年代に郊外人口は 560 万人であったのに対して、1970 年代には 1,068 万人、1980 年代には 1,449 万人に達した[52]（**図5**）。

宅地開発は土地の商品化や乱開発などの社会問題を生み出していった。他方で、水道や道路、病院、学校などの社会インフラ整備が宅地開発スピードに追い付かず、生活環境の悪化が問題視された。加えて、郊外化は既存地域社会に生きる「旧住民」と移住者である「新住民」との間に、戦後新たに誕生した「新憲法」[53]に対する感覚や文化的嗜好、価値観の諸側面において衝突を生み出した。社会問題や価値観の衝突は、地域単位での政治や行政の

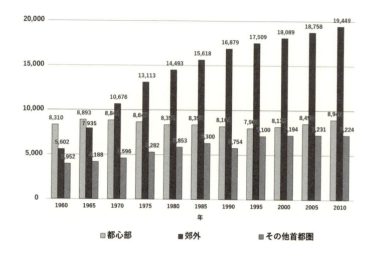

図5 首都圏内の人口の推移
（内閣府『地域の経済2011：震災からの復興、地域再生』補論2より引用者作成）

方向性にも大きな影響を与えることとなった。

　以上をまとめると、戦後日本の工業開発による産業構造の転換は、地方から都市部への人口移動を加速させ、三大都市圏の人口集中を生み出した。過度な人口集中は、ニュータウン建設に見られるような郊外の居住空間創出へと向かうものの、生活関連インフラの未整備や新旧住民間の軋轢などの新たな課題を生むこととなった。同時期の人口急増県の一つであった埼玉県でも急速な郊外化に伴う地域社会の変動は、地域の政治や行政が取り組むべき

課題を浮き彫りにさせていった。

第2節　埼玉県における文化行政を生み出した社会背景

第1項　1960・70年代の埼玉県を取り巻く社会環境

　では、埼玉県における高度成長期以後の社会環境は、具体的にどのように変貌を遂げていったのだろうか。東京都に隣接する埼玉県は、1960年代以降の高度成長期に端を発する郊外人口増大の影響を強く受け、東京都から埼玉県の転入総数の50％以上を占めていた。

　戦後埼玉県の人口急増期は、二時期に大別することができる。

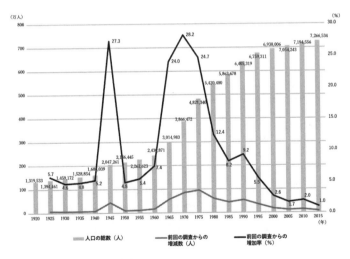

図6　埼玉県の人口推移と増加率
（総務省統計局「国勢調査」（各年10月1日）より引用者作成）

第一に、戦後復興期における海外からの引揚者や第一次ベビーブームに伴う人口増大である。第二に、1960年代以降の高度成長期を中心とした人口増大であり、戦後復興期の人口増加率27.3%を超える28.2%を記録した（図6）。

　特に就業人口増大に伴って、埼玉県内から東京都内への通勤者の数が年々増加した。1955年には県内から東京への通勤者の数は106,096人であったが、1965年には317,160人となり、さらに1975年には594,403人となった。こうした通勤者の増加によって、就業者の夜間人口に占める通勤者の割合は増加し、1955年の10.5%が、1965年には21.4%、1975年には27.4%を占めるようになった（埼玉県1991）。和光や与野、志木、蕨、浦和といった埼玉県南部を中心に東京都への通勤者が増大したことで、暮らしの拠点と就業地が分離した「埼玉都民」と呼ばれる人々が出現した。

　人口増大は、生活基盤としての住宅地開発を急速に推し進めた。1960年に21,979haであった宅地面積は、1970年には35,752haとなり、1975年には45,008haとなった。新設住宅着工の件数は1965年で35,000戸であったが、1970年には10万戸となり、日本列島改造がさけばれた1972年にはピークの14万戸に達した（埼玉県1991）。

　同様に急増する転入人口の受け皿として、住宅公団による住宅団地の建設が相次いだ。1956年の西本郷団地（332戸）建設を皮切りに、宮原団地（214戸）、鶴瀬団地（230戸）が建設されていった。1960年前後に入ると、新所沢団地（2,455戸）や南浦和団地（1,253戸）、当時日本最大の草加松原団地（5,926戸）に見られる

ような団地の大型化が顕著となった。その後も大型団地の建設は継続され、田島団地（1,907戸）、武里団地（5,559戸）、原市団地（1,583戸）や尾山台団地（1,760戸）といった団地が、埼玉県南部から春日部市や上尾市のような中部地域へと進出していった。

住宅地開発の一方で、急増した転入者を受け入れていった地元自治体では、学校建設や上下水道整備、行政事務量の増大を現行予算だけでは賄いきれなくなっていた。当時の埼玉県知事であった栗原浩は、団地建設に伴う地元負担を軽減するため、住宅公団の負担割合を増やす必要性を訴えた。こうした県や市町村の働きかけによって、市町村の過度な負担は漸減していった。

団地をはじめとする住宅環境の整備に対して、埼玉県から東京都への通勤インフラの未整備が目立つようになった。1970年には市の人口の33％が団地住民となった上尾市では、1973年に上尾事件が勃発した。上尾事件とは、国労（国鉄労働組合）と動労（国鉄動力車労働組合）の順法闘争により高崎線のダイヤが乱れ、上尾駅から電車に乗ることができなくなった乗客が暴徒化して駅員を襲撃、電車を破壊した事件である。この暴徒の多くは、西上尾第一団地（1968年、3,203戸）や西上尾第二団地（1970年、2,993戸）など、大小合わせて7つの団地に住む人々だった（舟越1983; 原2012）。

上尾事件で露呈したのは、急激な都市化に対応できなかった鉄道網の未熟さだけではなく、地方政治の変容だった。1960年代以降、炭鉱の斜陽化や都市化の進展により革新系の支持層は「炭鉱労働者」から「団地族」に移っていった（原2012）。保守王国であった埼玉県で革新系の畑県政が登場した背景には、革新政党

を支持する「団地族」の存在があった。

　都市化・宅地化による開発事業の急激な展開は、住環境の悪化を生み出した。吉見町では、1960年代から複数のデベロッパーが住宅地建設に乗り出した。「比企ネオポリス」と呼ばれた住宅地造成事業では、丘陵地帯が激しく削られ、大規模な住宅団地が造成されていった。「テレビ、ラジオ、新聞、週刊誌などを総動員して宣伝し、旅行サービスやヘリコプターを使って強引に現地に案内し、販売合戦」（東松山市1986：605）が繰り広げられたが、事業主体の倒産によって事業は頓挫した。住宅地は投機目的や別荘として購入されたケースも少なくなく、雑草が生い茂るなど、宅地の管理状態悪化が問題となった。道路網や上下水道の未整備も定住化を阻害する要因となった。さらに1970年以降、ネオポリス一帯は市街化調整区域に指定され、1975年8月で開発猶予期限が切れたことから住宅建築が困難となり、当初の住宅団地開発計画とは大きくかけ離れる結果となった（吉見町町史編纂委員会1979：917-918）。

　都市生活基盤の未整備は、県民意識にも反映されていた。1978年にNHKが都道府県別に行った意識調査では、「図書館、公民館などの文化施設は利用しやすいですか」という問いに対して、利用しやすいと答えた人の割合は32％で全国平均（34.0％）をやや下回る程度だった。対照的に「病院、診療所は利用しやすいですか」（埼玉県50.6％、全国平均67.8％）、「下水道、ゴミ処理などの衛生環境はよいですか」（埼玉県44.2％、全国平均62.7％）といった住環境インフラの未整備に不満を抱く人は多く、両項目は全国最下位の47位であった。

結果的に、「あなたが今住んでいらっしゃる所は、住みよい所だと思っていますか」という問いに対しても住みよいと回答した割合は、埼玉県で73.7％という結果となり、全国平均82.6％を大きく下回った。「あなたは○○都道府県というところが好きですか」という問いに対しても、埼玉県が好きと回答した人の割合は67.5％で、全国平均81.3％を下回り、ともに全国最下位だった（NHK放送世論調査所編 1979：138）。住みづらさが結果的に埼玉県に対する愛着を持つ人々の割合を減少させており、社会インフラ整備を含めた生活環境の総合的な改善に迫られていたことが、県行政が文化行政推進に取り組まざるを得ない契機の一つになっていた。

第2項　1980年代以降の埼玉県を取り巻く社会環境

　1990年代に至っても埼玉県は、人口急増に対する社会インフラ未整備が課題として残り続けた。1989年10月1日段階での人口増加率は1年間で1.76％と、3年連続で全国1位だった。

　増加を続ける人口に対応するように、この時期には、すでに埼玉県や県内市町村によって各種施設の整備が進められた。少年サッカーが盛んなことを背景に、1985年時点で屋外の球場数は165カ所で全国1位であり、公民館などで開催される受講者数も全国トップレベルだった[54]。今日においても本館と分館を合わせた公民館設置数は、全国1位の長野県（1,520館）に次いで、山形県と同数の2位（493館）となっている（国立教育政策研究所 社会教育実践研究センター 2020：412）。

　埼玉県においてスポーツ施設や公民館の整備が進んだ理由は、

1980年代中頃まで、人口急増に対応して教育施設を中心とした特定の施設充実を優先せざるを得なかったことにあった。これに対して、「県都浦和の駅前を、バキュームカーが走る」と揶揄されたように、下水道普及率は1990年度末において、47.5%で全国平均を上回っていたものの、東京都の88%や神奈川県の70%に及んでいなかった。加えて、県民一人当たりの都市公園面積は、47都道府県中43位にとどまっており、「人口急増に施設の整備が追い付いていない」都市生活基盤整備の遅れが問題視されていた。

NHKが1978年と1996年に実施した都道府県別意識調査を比較すると、「あなたが今住んでいらっしゃるところは、住み良いところだと思っていますか」という設問に対して、住み良いと回答した埼玉県での回答割合は低く、1978年と同様に、1996年段階でも全国最下位のままだった（表2）。1990年代に入ってもなお、人々にとって埼玉県は必ずしも住み良い地域とは認識されていなかった。

社会インフラの未整備問題は、生活基盤だけでなく、スポーツ

	96		78	
	%	順位	%	順位
全国	83.6		82.6	
埼玉	76.6	47	73.3	47

表2 あなたが今住んでいらっしゃるところは、住み良いところだと思っていますか
（NHK放送文化研究所編 1997）

施設や公民館以外の文化施設整備の遅れにも及んでいた。「ぴあ総合研究所」がまとめた「都市の文化環境格差に関する定量調査」(1988年) によると、演劇や音楽の延べ公演数は、全国の47.3％を首都圏1都3県が占めた。首都圏のうち東京都が93％を占め、埼玉県は0.8％を占めるに過ぎず、文化環境の東京一極集中が浮き彫りになった。

また朝日新聞の調査でも、首都圏内の都県別映画館数は、千葉県58、東京都213、神奈川県83に対して埼玉県は47、博物館や美術館の数も千葉県55、東京都188、神奈川県86に対して埼玉県は54となっており、必ずしも埼玉県民の文化的活動を十分に支えうる文化施設がそろっているとは言えない状況にあった[57]。

結果的に「あなたは〇〇都道府県というところが好きですか」(**表3**)、「あなたは〇〇都民・県民・府民・県人だという気持ちは

	96		78	
	%	順位	%	順位
全国	81.4		81.3	
埼玉	62.1	47	67.5	47

表3 あなたは〇〇都道府県というところが好きですか
(NHK放送文化研究所編 1997)

	96		78	
	%	順位	%	順位
全国	68.7		64.7	
埼玉	55.2	46	57.2	45

表4 あなたは〇〇都民・県民・府民・県人だという気持ちはお持ちですか
(NHK放送文化研究所編 1997)

お持ちですか」(**表4**)という問いに対しても、埼玉県の場合、肯定的な回答をした人の割合は低く、1990年代に入ってもなお地域に対するアイデンティティを形成しがたい実態が浮き彫りとなっていた。

　このように埼玉県では、戦後の急激な人口増加に文化施設を含めた社会インフラ整備が追いついていない状況が長く続き、必ずしも住みよい地域になりえていなかった。その時期は1972年から20年間にわたる畑県政と重なっていた。畑が文化行政の推進によって解決しようとしたのは、生活実態としての住みやすさの実現や地域に対する誇りや愛着の醸成であったものの、県民の意識を変えるには至らなかった。

第3節　革新自治体による文化行政

第1項　革新自治体の叢生

　1960年代後半から1970年代にかけて、全国各地で革新首長が誕生した。革新首長とは自民党の支持を受けず、日本社会党（社会党）や日本共産党（共産党）という革新政党のいずれか一方、または両方の支援を受けて当選した首長を指す。この革新首長が行政運営を担った自治体は、「革新自治体」と呼ばれる。

　では、革新自治体の登場はいつからなのだろうか。「革新自治体の時代」の開始時期を統一地方選挙が実施された1963年とする説がある一方、政治学者の岡田一郎は実態としての革新自治体誕生とは異なることを指摘した（岡田2016：60-63）。1970年代の本格的な革新自治体叢生を前に、革新自治体の指導者として全国

の革新首長から期待されていた飛鳥田一雄横浜市長の権威づけのために、飛鳥田が市長当選から革新自治体の時代が到来したという歴史の捻じ曲げが行われた可能性があるという。実際に、1950年から1978年まで革新京都府知事として蜷川虎三府政が存在したように、飛鳥田革新市政が誕生する以前に革新自治体が登場していることからもこの説を裏付けることができる。

1950年代は、高度成長期に伴う産業公害や都市の生活環境破壊が深刻化した。これを受けて高度成長期後半から開発主義レジームへのアンチテーゼとして革新自治体が登場した。多くの革新自治体に共通した性格として、①大企業や産業基盤整備優先に対する福祉国家政策的な政策の強調、②権威主義的な地方政治に対する住民参加や市民参加の強調、③反公害、環境保全の政策重視が挙げられる（渡辺ほか2002：43）。革新自治体における文化行政もまた、これらの政策思想を基盤として展開されていった。

なお、革新自治体の実像は決して統一されたものではなく、表向きはソフト重視を打ち出しながら、実質的には開発主義的な政策を重視したり、必ずしも文化行政の推進に熱心だったりしたわけでもない。埼玉県の畑のように、当初は革新知事として登場したものの、その後政治的イデオロギーを排除した自治体運営を行う場合もあった。

第2項　文化行政の誕生と庁内組織再編

文化行政は、1958年の高山義三京都市長による文化観光局設置から始まって全国へと波及していった。すでに述べたように「第二の平安京づくり」構想の推進と京都市長期計画の策定、さ

らにはこの計画策定に梅棹らが携わる中で、1965年4月に文化開発調査会議が発足した。その際、経済開発や社会開発、交通問題とならんで文化開発が京都市再生の切り札として登場した。劇場や講堂を有し、日本文化資料の展示や古典演劇の上演が可能な「日本文化館」を設置する計画を立てるなど、構想を事業レベルに具現化していた。しかし、京都市が主導した文化開発の議論は、高山市政以後にそれ以上の進展は見られず、日本文化館構想も具体化することはなかった。

他方、1966年に京都府において蜷川虎三府知事の発意によって知事部局に文化事業室を設置し、府民の文化活動を支援する体制を整えた。ただし、7期28年の長期にわたる蜷川府政の文化行政は、その後の文化行政と比べると際立った成果を生まなかった。

蜷川府政後に誕生した林田悠紀夫府政では、1980年代に京都府文化懇談会が発足した。懇談会は、梅棹のほか、池坊専永、千宗室、上田篤、瀬戸内寂聴ら学界や文化人など37名の委員で構成され、「日本文化と京都文化」「文化活動の振興」「地域社会と文化」の各部会に分かれて議論が行われた。この議論の中で現代美術や伝統工芸、年中行事、風俗習慣に関する資料を展示・公開する施設の建設が提言された。これを受けて京都府は、1988年10月に京都文化博物館を開館した（梅棹 1993：93-95）。

1971年には宮城県において山本壮一郎知事が、県民課に文化振興係[58]を設置した。同年より毎年「宮城県芸術年鑑」の刊行を開始した。翌1972年には、庁内の関連部署25課で構成する文化行政連絡調整会議を設置し、文化振興の総合的な調整組織を立ち

上げるなど文化行政推進のための組織再編が行われた。[59]

　大阪府では黒田了一知事が、1972年に大阪文化振興研究会を設置した。同研究会は、梅棹忠夫、小野十三郎、木村重信、里井達三良、司馬遼太郎、末次摂子、西川幸治、米花稔、吉田光邦、宮本又次により3カ年にわたって研究会を積み重ねた。そこでは文化施設ネットワークの整備、町並み保存修景計画のあり方、府民の文化活動の方策、文化振興基金制度のあり方等の分科会に分かれて議論した。その結果は、『大阪の文化を考える』（大阪文化振興会編 1974）、『都市と文化問題』（大阪文化振興会編 1975）などの書籍としてまとめられた。この研究会活動の議論の一部は、その後教育＝チャージ、文化＝ディスチャージ論などのアイディアを生み出す基盤となった。その一方で、1974年に大阪府民ギャラリー（1980年に大阪府立現代美術センターに改称）の設置、写真集『歴史の息づく町なみ』（大阪府企画部文化振興室編 1975）の刊行に至った。

　自治体における文化行政の導入は、京都府や大阪府に続いて、関西圏を中心に広がりを見せた。「文化行政を教育委員会所管の文化財保護行政や社会教育の枠から解き放ち、首長部局で展開すべきもの」（森啓 1983：234）との理念から、兵庫県は1975年4月に文化局を設置した。滋賀県も1976年に教育委員会文化部を設置した。なお、後述する埼玉県においても、1976年に県民文化課が設置された。

　これらの庁内組織再編とともに、文化行政に関わる研究会や懇談会の設置も相次いだ。先述の大阪文化振興研究会に続く、兵庫県「県政懇談会」、神戸市「神戸文化を考える船上討論」、愛知県

「文化行政座談会」、滋賀県「湖と文化懇談会」などを挙げることができる。文化行政に関わる研究会や懇談会設置の動きは、革新首長が掲げる文化行政推進だけでなく、文化開発を提唱していた梅棹が中心的役割を果たしたことが大きく影響していた。

関西圏を中心とした文化行政の展開に対して、関東圏では神奈川県が1977年に県民部文化室を設置し、教育委員会でのみ扱われてきた文化領域を全庁的な政策として位置づけ、縦割り行政の変革を目指した。発足当初の文化室は、文化行政の企画と調整、文化行政の諮問機関として「県民の教育と文化を考える懇話会」を所管した。また、「神奈川芸術祭」や「かながわふるさとまつり」といった文化関連事業を所管しつつ、すでに1975年に開館していた神奈川県民ホールも所管することとなった。[60]

第3項　自治体間における文化行政課題共有

革新自治体を中心とした文化行政が全国的な広がりを見せるようになったのは、1970年代後半からである。いくつかの府県で文化行政が開始されたが、文化行政という言葉の上では統一感が演出されていたものの、実態は各府県で異なっていた。こうした実態を各府県の担当職員が話し合い、文化行政の方向性を議論する場として、1977年9月に第1回全国府県文化行政連絡会議が神奈川県箱根町で開かれた。神奈川県文化室の呼びかけで、宮城、埼玉、愛知、京都、大阪、兵庫、神奈川、横浜の7府県1市の19人の担当者が集まり、文化行政と総合計画との関係、庁内部署間の連携・調整、文化団体の把握などをテーマに議論が重ねられた。

同年 10 月、総合研究開発機構の企画により、文化行政担当職員が参加しての文化行政共同研究プロジェクトが開催された。県と市町村が連携して文化活動の拠点としての文化施設を設置する愛知県の「文化広場計画」、同様の構想として神奈川県の「文化ひろば構想」が具体化された。

1979 年には第 1 回全国文化行政シンポジウムが全国文化行政連絡会議、NIRA 総合研究開発機構、神奈川県の共催で「自治と文化」をテーマに横浜で開催された。43 都道府県と 33 市町村が参加したこのシンポジウムは、地方自治体による文化行政に対する統一的な議論を生み出した点で画期的なものだった。このシンポジウムで講演を行った梅棹は、教育＝チャージ（充電）、文化＝ディスチャージ（放電）という私見を展開し、首長部局を中心とする文化行政への移行、普遍的な文化施設の整備としての文化開発、生活ぐるみの文化化の中で一番立ち遅れている行政の文化化の必要性を説いた（梅棹 1980b：31）。結果的に、このシンポジウムでの梅棹の発言が、文化開発や行政の文化化という文化行政を構成する理念の敷衍につながっていった。

ただしこのシンポジウムの「ほんとうの（別の）ネライ」は、「全国の自治体が一堂に会すること」にあった（森 1981）。文化行政を展開する自治体担当者が共通の場で議論すること自体が、国の省庁による文化行政と一線を画し、地方自治体による文化行政の時代を演出しながら文化行政の理念を他の地方自治体にも波及させる手段だった。

その後も、全国文化行政シンポジウムは、第 2 回（1980 年、兵庫県）、第 3 回（1981 年、秋田県）、第 4 回（1982 年、滋賀県）、第 5

回（1983年、鹿児島県）、第6回（1984年、埼玉県）といったように、全国各地を会場として三重県での第18回（1997年）まで毎年開催された。

このうち「自然と文化」をテーマとした第4回全国文化行政シンポジウムでは、畑が「常住景を大切にする心」と題する特別講演を行った（総合研究開発機構1983）。この中で畑は、講演のテーマである「常住景」とは、快適な生活環境であり、その豊かさの実現を文化行政として取り組むべき課題とした。その上で、以下のように行政の文化化について持論を展開した。

> 行政の文化化と言いますと、何か新しい特別の事業をすること、あるいは特定の部局が計画を練って、お金をかけて建物が美しくすることだというふうに思われがちですが、そういうことだけではなく発想の問題なのです。（総合研究開発機構 1983：44）
> （傍点引用者）

畑による「行政の文化化」論は、「発想の問題」として既存政策のあり方や地域資源の価値再発見とした点に特徴を持っていた。畑の「行政の文化化」論は、大型のインフラ整備を伴うような、大規模の財政的裏づけを必要としなかったこともあり、1970年代を中心とする自治体文化行政の理論的枠組みとして各自治体を中心に取り入れられていった。しかし、1980年代以降の文化施設整備を伴う文化行政へと転換が図られる中で、次第に当初の行政の文化化論は忘却されていくこととなった。

第4項　施設へのデザイン性付与の行き詰まり：
　　　　文化のための1％システム

　神奈川県では、県民部文化室を事務局とする庁内組織「文化行政推進本部」を設置した。この「文化行政推進本部」の下部組織として、「文化のための1％システム推進委員会」「文化関連事業連絡調整会議」「行政の文化化推進会議」が配置された。このうち神奈川県の特徴的な文化行政事業として取り上げられたのが、「文化のための1％システム」である。

　「文化のための1％システム」の起源は、1929年の世界恐慌に始まる不況が蔓延していた1930年代に欧米において国家が芸術家に公共事業を委託し、失業問題対策として始められたことにある。日本の「文化のための1％システム」は、地方自治体による文化行政を具現化した事業として開始された点で欧米のものと異なっていた（柴田2009：4）。

　神奈川県の「文化のための1％システム」は、企画、土木、建築、教育の事業担当、美術デザインの専門職員などで構成された。神奈川県が建設する公共施設に対して、その造成費の1％に相当する費用で建造物自体に工夫を凝らしたデザインを施したり、その周辺に修景を施したりして、地域の特性に根ざした建造物の施工を行った（高橋1979：35）。

　具体的には、県立高校にデザイン性の高い外壁やシンボルタワーの時計台を設置した。県立高校建設事業に「文化のための1％システム」が導入された背景には、長洲知事の意向が反映されていた。長洲には、「何も神奈川県高校建設会社の社長になったのではないんだ、学者をやめて知事になったのは、神奈川県を

もう少し郷土らしくて教育の場にふさわしいものにしたい」という想いがあった。長洲は高校づくりに関して職員に対し、「学校をつくるならそれぞれデザインを変えなさい。そして地域の人々にコミュニティー・センターとして愛される、また必要なら体育館、運動場、特別教室など、地域の人々が自由に使えるような設計にしなさい、こういう学校づくりをしなさい」と命じた（長洲 1980：251）。つまり長洲は、県立高校を教育施設としての機能だけでなく、地域コミュニティ形成のシンボルとして位置づけようとしていたのであり、その理念は県税事務所の建物、橋などへの1％システム導入へとつながっていった。

　「文化のための1％システム」は、導入された施設と立地する地域社会との関係に目が向けられがちである。しかしその一方で、建設事業を担当する県職員の意識改革にも大きな影響をもたらしていた。この制度の導入によって技術系職員を中心に、「"最小の予算で最大の効果を"を至上命題」としてきた県職員にとって一定の裁量を与えられ、その範囲で新しい発想に基づく施設建設を目指そうとする意識が生まれたという[61]（神奈川県文化室 1988：61）。この意味で行政の文化化の考え方と合致しいていた。

　同様の政策は、兵庫県「生活文化を創る1％システム」（1979年度～）、滋賀県「美しいマチをつくる1％事業」（1979年度～）、石川県「教育環境整備事業」（1979年度～）、福島県「文化のための1％システム」（1980年度～）など全国の自治体で取り入れられていった。その中でも兵庫県の「生活文化を創る1％システム」は、事業対象を県営住宅と学校、橋梁の3種類に絞り、地域住民の合意形成を前提とした点に特徴があった。だが、実際には武庫

川の宝塚大橋に代表されるようなハード事業に対する装飾経費として1%システムが捉えられるようになっていった。つまり、文化行政の1%システムの議論は、施設に対するデザイン性の付与のみに収斂していったのである。

1%システムの事業実施は、本来行政の文化化理念の浸透に合わせて、地域住民が都市のデザインに関心を抱いたり、自分たちの力で美しいまちづくりを行おうとしたりするようになることが本質的な目的だった。(山本1982：32-33)。ところが実際には、1%システムの全国的な浸透は、文化行政理念の拡大とイコールではなかった。旧来型の施設整備事業にデザイン性を付与することで、文化行政を実践しているという雰囲気づくりになっていた面は否めない。それはあくまで地方自治体主導であって、地域の人々は直接関与する余地を持ち合わせておらず、置き去りにされた状態だった。また、総合行政を掲げた文化行政の基本理念とも相反するものだった。

哲学者の山田宗睦は、「文化のための1%システム——という語感からいうと、県予算の1%を(これまでの文化関係予算外に)特別に文化のために支出する、ということではなくてはおかしい」とした上で、「それが建物のデザイン費ときいて、なにか広告につられてつまらないものを買わされたような」気がしたのだという。そして、「「神奈川県における総合的文化行政の展開」とうたって、1%システムの「事務の流れ」を図示しているのは、まさに誇大広告で、「総合的」文化行政が泣くというもの」と痛烈に批判した。[62]

同時期に国政レベルでも1%システムは議論されていた。1976

年10月21日の参議院文教委員会（第78回国会）以後、新自由クラブ所属議員を中心に提起された。その内容は、学校などの公共建築物に伝統工芸技術を用いた芸術的装飾を施すというものであり、伝統工芸作家に活躍の場を与える、伝統工芸支援策としての側面を持っていた。しかし、関係省庁の動きは鈍かった。自治省は1979年に地方自治体における行政の文化化に関する調査研究委員会を立ち上げた（磯村英一ほか1982）。神奈川県などの地方自治体における1％システム導入の広がりを受けるかたちで、文部省は1980年に「学校施設への文化性投入に関する調査研究協力者会議」を立ち上げた。しかし、その後この議論は立ち消えとなった（柴田2009：9-11）。

　一方、埼玉県は「文化のための1％システム」が、「①つけ足し的傾向があること、②発想よりも予算が先行する、③施設整備が中心となる、④施設整備面は予算運用で実行可能である」といった理由から導入せず、その代わりにモデル事業方式を採用した（石原1982：167）。モデル事業方式は、神川村（現神川町）における小学校の校庭と歩道を一本化するとともに、文化財を紹介して学習の場として活用する事業のように、実験的事業による経験則の蓄積を図るとともに、他の行政分野でも応用していくというものだった。また、モデル事業方式は、同様に埼玉県内市町村のうちから文化行政を展開するモデル地区を選定し、その成果を他の市町村へ還元していく方法にも応用されていった。手法の違いはあるものの、施設整備に当たってデザイン性の付与などの文化行政の視点を導入する点では、文化行政を掲げる革新自治体の間で共通していたのである。

第5項　革新自治体を中心とする文化行政がもたらしたもの

　文化行政が登場した背景として、①都市や公害の問題を起点とする生活の質への問い直し、②市民運動を基盤とした自治や市民参加、地方分権の提起が存在した。これらは、革新自治体が国主導による開発主義を前提とした地方経営からの脱却を図ろうとする自治体改革の延長線上にあったため、革新自治体の主要政策として文化行政が位置づけられる必然性があった（松下 1979）。行政の文化化に代表される自治体改革のキャッチフレーズは、文化行政を主眼に置いたシンポジウムや勉強会によって自治体職員を中心に認知され、問題意識が共有されていった。

　やがて文化行政の全国的展開と反比例するように、革新自治体の退潮に伴って、地方自治体における脱政治イデオロギーが進んだ。文化行政は必ずしも革新首長だけが掲げる行政運営理念ではなく、社会変化に対応した自治体改革として多くの自治体の政策に組み込まれていった。

　他方で文化施設を配置し、その広範なネットワークを形成する文化開発の推進は、都市整備における不可欠な要素として各地で展開されていった。加えて、首都圏における人口急増や進学率上昇といった社会変化に伴う高校の校舎整備など、社会基盤の整備が求められる中で、「文化のための1％システム」による公共施設へのデザイン性の付与もまた、文化行政を体現する事業として定着していった。

　しかし、その後の文化行政の展開は、当初「発想の問題」（総合研究開発機構 1983）であったはずが、いつの間にか「かたち」だけが引き継がれていった。たとえば、全庁的な行政を文化的な

視点で捉え直そうとする発想は、教育委員会に加えて新たに首長部局に文化行政部門を配置する自治体の増大につながったものの、多くの場合、文化行政専管部門を立ち上げただけで、行政の文化化につながることはなかった。時には教育行政で扱う文化と首長部局で扱う文化の関係も議論されないまま、施策が重複する二重行政に陥ることも少なくなかった。

　また、文化の要素を盛り込んだ公共施設の中には、人々が集い、交流する場とするような、デザイナーの高い理念が込められていても、その施設の外観や使い勝手に議論が集中し、込められた理念が次の施策へと展開されないケースは少なくなかった。あるいはそもそも施設の機能や理念自体が曖昧で、建設事業が主目的であったケースもあった。やがて、自治体財政悪化に伴うコスト削減が議論される中で、こうした施設がハコモノ行政として批判のやり玉に上げられた。

　これらの失敗の背景には、開発の先に豊かさが自動的にもたらされるかのような幻想のもとに、他の自治体における成功例の「かたち」だけを表面的に模倣したことがあった。開発そのものというよりも、開発のその先にある地域の未来像を誰も描くことができなかったことが、文化面における開発主義の問題点だった。むしろ、未来像のコンセンサスを得るには多大な時間と労力を要するために、可視化され、人々の理解しやすい「かたち」の模倣が安直に求められたのかもしれない。

　行政の文化化は、この未来像をいかに描くかがテーマであったはずである。ではなぜ、未来像を描く方法論の議論や事業の推進段階に至ると、当初の文化行政が掲げていた本質的な問題意識は

忘却されていったのか。文化行政の主要な舞台の一つであった埼玉県の事例を次に分析していくことにしよう。

第4節　畑和埼玉県政下における文化行政の展開

第1項　畑県政の誕生と行政運営

1972年、埼玉県知事選挙の結果、革新陣営の推す畑が79万票余りを獲得して当選した。これにより、東京都（美濃部亮吉）、京都府（蜷川虎三）、大阪府（黒田了一）、沖縄県（屋良朝苗）に続いて五番目の革新知事が誕生した。畑もまた他の革新首長誕生と同様の背景を持ち、社会党を中心とする反自民の母体組織の支持を受けていた。それまで保守政党の有力な地盤とされてきた埼玉県で革新知事が生まれたのである。ここには、前年に行われた参議院議員通常選挙で保革が初めて逆転し、革新知事誕生の伏線が存在した。この伏線が、県知事選挙の結果にも大きく影響すると見られていた。

保守王国であった埼玉県で革新知事が誕生した背景には、第一に自民党内における候補者選定の難航があった。現職知事であった栗原浩、副知事の大塚茂、川口市長の大野元美の三者が自民党公認をめぐって争い、自民党埼玉県連による候補者選定手続きは二転三転した。知事選告示日直前まで候補者選びが難航したことで、自民党の知事選挙運動は結束を欠いていた。

第二に、革新政党共闘の機運が高まったことが挙げられる。自民党が公認候補者選定に苦慮し、分裂を深めたのに対して、革新陣営は早期の段階で統一候補を確定することができた。畑を選挙

戦で支えたのは、日本社会党県本部と日本共産党県委員会、埼玉県労働組合評議会を母体とする「明るい革新県政をつくる会」であった。

第三に、革新陣営の政策に対する県民の支持があった。1960年頃から高度成長期の中で埼玉県では、急激な工業化・都市化に加えて、都市部からの流入による人口増加が著しく、公害や社会資本の未整備による生活環境悪化や福祉政策の遅れが重要な課題になっていた。長期にわたる保守県政が進めてきた開発政策は、これらの社会的ひずみを解消するための説得力を持たなかった。反対に革新系候補者の説く環境保護や福祉の充実を盛り込んだ公約が、特に既成の利害にあまり縛られることのなかった新埼玉県民の支持を得た。[63]

実際に畑は選挙公約として「武蔵野の緑をまもり、清流をとりもどし、住みよい生活環境、近代的な都市とゆたかな農村」を掲げ、交通事故や公害の防止、教育施設不足への対応などを訴えていた（埼玉県 1991）。当選後、この公約を基礎として畑は「緑と清流」「憲法を暮らしに生かす」「人間尊重・福祉優先」を掲げた政策を展開した。[64]

1973年9月には、畑県政成立後に1年の歳月をかけて『埼玉県中期計画：緑と清流 豊かな埼玉をめざして』が策定された。中期計画策定以前には、産業の振興や社会福祉の向上を掲げた『第一次埼玉県総合振興計画』（埼玉県 1963年）や「建設」「発展」「開発」という高度成長期の中心的な理念を盛り込んだ『第二次埼玉県総合振興計画』（1970年）が策定されていたが、保守政党の政治理念に基づく開発主義的な政策が前面に出ているところに

特徴があった。これに対して、畑県政下で策定された中期計画は、高度成長期に生じた社会的な歪みを是正し、「シビル・ミニマム」の実現が企図されていた。具体的には、①公害、交通事故、災害から県民をまもる、②県民の健康とくらしをまもり、母と子、としよりを大切にする、③教育、文化、スポーツを伸ばす、④自然をまもり、住みよい生活環境をつくる、⑤秩序ある産業の発展をはかる、の5項目の施策を骨子としていた（畑1975：55）。

一方、畑は知事就任後、自らの政治理念に基づいて独自の事業を展開していった。公用車に公害防止装置を取り付け、公害対策への取り組みをアピールするととともに、老人医療の無料化対象年齢の引下げ、乳児医療の無料化、中小企業に対する無担保無保証人特別資金制度の創設、クリーン作戦の展開、高等学校30校増設の開始、さらに県民参加の県政実現のための機構改革等を実施した（埼玉県1991：823）。このうち、老人医療の無料化対象年齢の引下げについては、1970年11月に社会党県本部を中心とした条例制定直接請求に基づき、臨時県議会が開催されて論じられた問題であった。

1973年度以降には、人間尊重・福祉優先の理念から廃棄物処理公社、労働保険センターの設立、身体障害者と老人のための「住みよい街づくり」の推進、花植木センター、北浦和公園や県立川越図書館の設置、消費者訴訟援助制度の新設、重度心身障害者に対する医療費の無料化、心身障害者職業サービスセンターの設置、県立特別養護老人ホーム、県立衛生短期大学、県立がんセンター、腎センターの開設が主要施策として推進された。

さらに1973年7月に畑は大幅な行政改革に着手し、約7,600

人の職員のうち、2,300人の人事異動を断行し、企画財政部、余暇対策課、水質規制課、総合福祉施設準備室、金融課、住宅都市部、8カ所の県民センターが新設された。革新自治体の特徴である公害対策や福祉行政の充実、環境保護を象徴する部局が設置されたのである。このうち企画財政部は、人事と財政、管財を掌握していた総務部から財政部門を移管したものだった。開発部については「開発の時代じゃないし、重点を置く必要はないよ」（傍点引用者）という畑の意向で廃止された。また、庁内広報紙『けんちょう』を発行し、職員相互の意思疎通を図った。

　中でも重要な組織改編として挙げられるのは、スタッフ（政策決定部門）とライン（行政推進部門）の分離と知事直属の三人の理事ポストを設置したことである。「ホワイトハウスの補佐官制度の導入だよ。大統領補佐官なみに自由に知事に助言し、政策スタッフになってもらう」と畑が述べたように、知事のブレーンとして積極的に政策の中枢を担うのが理事であった。当初の三人の理事にはそれぞれ「市民参加」、「開発行政総点検」、「公約総点検」の役割が与えられ、革新県政の特徴を打ち出そうという畑の意図がここに現われていた（サンケイ新聞自治問題取材班 1973：212-213）。

　以上のように、畑県政成立直後の政策は、高度成長期に生まれた公害などの生活環境の悪化への対応、福祉の優先が県民から渇望されていたことを受けたものだった。保守政党の支持基盤である旧県民ではなく、新たに都市部から流入してきた新県民の多くが革新埼玉県知事を後押ししていた。同時に、老人医療の無料化対象年齢の引下げに見られるように、政策が知事の支援母体であ

る革新政党の政策理念に基づくものであったことも事実である。

　しかし、その後に登場する文化行政についての明確な言及は、最初期の畑県政には認められない。あえて文化行政の基本的な理念である行政の文化化に関わるものとして取り上げるならば、機構改革や庁内広報紙の発行といった行政改革に着手した点である。「行政の文化化とは、行政自身の「文化」水準を問い直し、その改善、改革を図ることである」(中川 1995：99) という自治体文化政策を専門とする中川幾郎の説明に基づけば、行政組織のあり方を見直し、職員の意識改革を展開したところに行政の文化化の片鱗を見て取ることができるが、いずれにせよ本格的な革新埼玉県政による文化行政に着手するまでには時間を要したのである。なぜならば、独自の政策理念を実現する以前に、畑は行政運営の舵取りのための地均しをする必要があったからである。

　畑が県知事に就任した直後の県議会では、定数74議席のうち与党は、社会党と共産党を合わせた18議席に過ぎなかった。全国各地の革新自治体の多くが、少数与党であったことから困難な議会運営を強いられており、畑県政の状況も同様であった。たとえば、機構改革の目玉の一つであった企画財政部の設置では、対立的な関係に陥りがちな企画部門と財政部門の連携を図ったものであったが、議会では野党である自民党と同党から分派した拓政会から「ひとつの部に権限が集中しすぎて他の部とのバランスを失う」との批判を受け、修正を要求された。[65]最終的に「権力が集中しないよう運用には十分配慮する」との付帯決議を条件としてようやく可決された。

　また3人の理事の設置にあたっては、当初理事の代わりに「政

策審議室」を設け、外部の有識者などで構成する約10人の政策審議員と20から30人のスタッフを配置してすべての政策立案を担う案だった。しかし、この「政策審議室」設置案は、従来の縦割り機構に固執する幹部職員の抵抗にあって変更を余儀なくされた結果、理事設置案に落ち着いたのである。

さらに1973年2月の県議会では、畑は自らが出資して設立した「埼玉県経済調査会」(以下、経済調査会)への県費補助を提案した。経済調査会理事長の粟屋豊埼玉大名誉教授は、畑革新自治体誕生の立役者となった「明るい革新県政をつくる会」の代表者であった。さらに経済調査会の顧問には畑自身が就任しており、畑の実質的な私的シンクタンクとなっていた。このため、経済調査会への県費補助議案について野党は「私的機関に県費補助するのは好ましくない」として反発した結果、本案を凍結に追い込んだ(毎日新聞浦和支局編 1996：36)。

行政運営の文化的水準を高め、組織改革を図るという後の行政の文化化につながる畑の政治理念は、県議会における少数与党という立場や幹部職員主導型から首長主導型の行政システム構築に対する職員の反発によって後退せざるを得なかった。議会や県庁内で孤立しがちであった畑にとって、唯一の支えは選挙において県民の負託を受けているという点だった。孤立しがちな畑の置かれた状況は、県政運営に大きな影響を及ぼした。多くの革新首長がそうであったように、畑は保革対決の姿勢を前面に押し出すことなく、必要に応じて多数派野党との協力関係を保ちつつ、行政運営を行っていくというスタイルに落ち着いていった。出身母体政党のイデオロギーを排した政治姿勢を示す言葉として、「県民

党」という造語を 1970 年代後半に畑が盛んに用いるようになったのは、保革対決構図を回避しながら革新系知事としての色彩を出していくという綱渡り状態を反映したものだった（畑 1979：273-274）。

他方、政策提案型の政治姿勢からステークホルダー間での調整を余儀なくされたことは、組織上の根本的な問題を未解決のまま内包することにもなった。従来の縦割り構造が温存されたことが、後々も行政運営の抜本的解決につながらず、組織間の横の連携を試みながら結果的に縦割り構造の行政運営へと後戻りしていくこととなった。

畑県政が本格的に文化行政に着手するようになるのは、議会や職員からの反発のもっとも強かった第一期から、畑県政の独自色が徐々に認知されるようになった第二期へと移行してからのことであった。

第 2 項　文化行政の萌芽

「自治と連帯」

1976 年の県知事選で畑は、無投票で再選を果たした。野党である自民党県連は、候補擁立を図ったものの調整が難航し、結果的に擁立断念を余儀なくされたため、畑の再選が決定した。この二期目の畑県政では、「自治と連帯」、「県民文化の振興」を強調した（畑 1979：139）。

畑は 1946 年の入党以来、社会党員であったが、第二期畑県政の後半に社会党を離党した。畑が「地方自治にイデオロギーは不

要」(毎日新聞浦和支局編 1996：69)と語ったように、特定のイデオロギーの存在が、円滑な県議会運営の妨げになったことによるものだった。他方で、畑県政の脱イデオロギーは、二期目の畑県政における政治理念のあり方にも深く影響していた。

畑が「自治と連帯」を押し出したのは、第一期畑県政の中で「中央集権的な行政制度や経済・社会・文化などの機能を地方に分権化」し、「三割自治の克服や自治の復権」という視点を引き継いだ政策理念に基づくものだとした。そして、この「自治と連帯」こそが、日常生活をより自主性と創造性のあるものへと作り変える原点であると説いた。つまり、文化活動の実践は「自治と連帯」の精神に立って進められるべきだと畑は指摘した。「文化に満ちた世の中とは、人々が生きがいにあふれ、互いの連帯感に支えられて暮らしていくそうした心の豊かな社会」であり、こうした社会を構築するため、人間尊重の精神を基礎として県政に文化化を取り入れていくことを提案した[66]。

「自治と連帯」と「文化」の関係について、畑は高橋一郎埼玉新聞社社長との対談の中で次のように語っていた。

> 知事　それから私は、「自治と連帯」ということを言っておりますが、最初に言ったのはオイルショック直後の時期でした。高度成長期とちがって減速経済にならざるを得ないということになると、いままでのようにどんどん大きなパイに目をつけて、「権利と要求」だけをしてきたことに対して反省が出てきた。公的サービスは当然税の負担が伴うわけですから自分たちでできることは自分たちで、いわゆる自治の精神で自ら治めようと

いう考え方が出てきました。それには連帯の精神が必要だ、と
いうようなことで、いまや「自治と連帯」の時代であるという
ことになってきたわけです。

高橋　それが、故郷づくりということにつながってくるわけ
ですね。

知事　そうです。地域の文化、歴史、それからコミュニティ
活動へといくわけです。（畑 1979：277）

　高度成長の時代が終焉を迎える中で、労働組合や市民運動に
とって、企業や国に対して自らの要求を突きつけるだけの運動方
針は、変革を迫られていた。同時にそれは、明治期以来の中央集
権国家体制を見直し、分権型社会を志向する中で、地域に暮らす
人々が自らの地域を自ら治めるという、本来の意味での地方自治
が問い直されていたと言える。地域に住む人々が自ら地域を治め
るためには、地域独自の歴史的・文化的環境に沿った新たな「故
郷づくり」が求められたのである。「自治と連帯」というスロー
ガンは、革新政党のイデオロギーのみを単純に反映したものでは
なく、県民の実生活から浮かび上がってきた生活環境の改善欲求
を汲み取ったものだった。

　では、なぜ「自治と連帯」を合言葉として、文化や歴史を通じ
たコミュニティ活動に政策の焦点が合わせられたのか。背景の一
つとして、畑が述べたようにオイルショックを契機とした「減速
経済」到来による政治経済情勢があった。他方で、急激な人口増
大により、村落共同体ではなく、かといって都会でもない新しい
社会秩序の存在があった。この新しい社会秩序の呼称として登場

したのが、「コミュニティ」であった。当時の日本社会において、国民生活審議会調査部会コミュニティ問題小員会による『コミュニティ：生活の場における人間性の回復』に象徴されるように、コミュニティは政策課題として浮上することになった。ムラ社会のような旧来型の共同体から解放された個人に対して、新しい関係性を構築する舞台としてコミュニティが用意され、埼玉県を含む東京の郊外において、新たな住民団体が叢生することとなった。その住民団体は、男性と女性とで役割が異なっていた。

第三次埼玉県文化行政懇談会の席上において、白岡町長の荒井宏は、「新しく入ってきた住民の方々のかたまりかたを見ていると、一番初めは、PTAですね。自分の子ども^{ママ}とを人質にとられちゃうようなもんだから、一生懸命会合にいってね、お母さんが一緒になる。それがだんだん広がってくる。」と述べ、さらに薗田稔國學院大學助教授は、次のように続けた。

> 新旧住民の意識ギャップという話しがあったんですけどね。もっと、一般的にいうとね、要するにその、住いの問題と、それから職場の問題と二つあると思うんですよ。特に埼玉県の場合ですね。で、職場は主として、まあ、旦那さんが東京都のほうでカバーしてくるわけですね。ところが残った家族はこっちへ残っているわけですよね。この二つが分離しているところにひとつの問題がある。（第3次埼玉県文化行政懇談会 1980：43）

こうした郊外という場におけるコミュニティの中で人々は、「家族、セクシュアリティ、団体付き合い、さらなる開発などに

よって微妙に揺れる感情の機微を日常生活に織り込みながら、流れ去る時間のなかで自身の位置を確認しようと」模索を重ねていった（町村 2020：72）。コミュニティという新たな場の出現を前に、「自治と連帯」は単なる政治的スローガンではなく、実効性を住民から期待された政策理念となった。この政策理念を具現化させた施策として「文化によるまちづくり」が畑県政によって掲げられた。

では、具体的に「文化によるまちづくり」とは、どのようなものであったのか。1978 年の畑が残した論考から抽出してみよう。

> 住民がその住むまちに住み馴れ、愛着をもつ要件としては、まず、日常生活を営むうえで快適であること。そして、近隣の人々との良好な人間関係が成立していること。更に、ひとに誇り得る、まちとしてのなにかがあることなどが考えられる。
> （中略）
> ひとに誇り得るなにかとは、いわば地域に共通のシンボルのようなもの、例えば、土地に伝わる名所旧跡、神社仏閣、伝統芸能など有形無形の文化財、特産物や工芸品、文芸、美術、音楽などの芸術活動、あるいは、施設や制度にいたるまで、新旧を問わず、その存在が、地域を、他から際立たせている特色といってもよいであろう。（畑 1978, 埼玉県県民文化課：24）

文化行政が目指すまちづくりの条件の一つは、地域のアイデンティティとなる「なにか」が必要であって、その「なにか」は地域の外部に存在するものではなく、地域の歴史や文化の中にある。

つまり畑によれば、保護の対象とされてきた文化財は、地域の特色を示すものとして、アイデンティティの象徴になりうるという。

文化行政の対象とする文化とは狭義の芸術振興や文化財保護ではなく、生活全般に根ざすものとして畑により位置づけられてきたために、後の評者の多くは、従来の芸術振興政策や文化財保護政策を乗り越えた先を目指したものとして文化行政の意味付けを行ってきた。しかし、実際には埼玉県における文化行政とは、「歴史的伝統的な地域の個性を基盤とした住民生活の中に、新しい創造的な文化を形成させ育て上げていこうとするもの」(埼玉県県民文化課 1982：25) であって、旧来型の文化財保護政策自体は否定されるべきもの、あるいは乗り越えるものではなく、むしろ文化財保護政策を基礎とした新たな文化創造のあり方を模索したところに文化行政が存在してきた。

興味深いのは、この畑の論考は最後に「地域の文化資源にかかわる資料の収集、管理、普及」(埼玉県県民文化課 1982：25) を行政の重要な役割として位置づけたことである。恐らく「文化財」という用語ではなく、「文化資源」という言葉を用いているのは、従来の保護制度と一対になった「文化財」を避けて、まちづくりの「資源」となりうる可能性を「文化資源」に期待したからであろう。

その文化資源を「資料の収集、管理、普及」する一連の仕事は、ミュージアム活動そのものである。畑は教育行政という大きな枠組みの中で、文化財保護政策と一体的に捉えられることの多いミュージアム政策についても、文化資源を掘りおこし、「ひとに誇り得る、まちとしてのなにか」を創出する装置としてミュージ

アムを捉えていた。つまり畑は、ミュージアム政策についても文化行政における主要施策の一部と捉えていた。

「環境整序権」

　もう一つ、埼玉県の文化行政の基盤をなすキーワードとして浮上するのが、「環境整序権」である。「環境整序権」とは、「地方自治体は、中央の縦の系列、各省の縄張り争いで困っている。しかも、われわれの地方自治体に権限がない。みんな国の省庁につながっていて、これでは地方は何もできない」という国と地方の関係を問い直し、「地域づくりについて自ら判断して各種の計画や行為を整理し秩序だてる「環境整序権」とでもいうべき自主的権限を与えるべきではないか」という、畑の問題意識から生まれた造語である（畑 1979：277）。

　「環境整序権」の発想は、「自治と連帯」の「自治」を読み替えたものであると同時に、革新首長による地方自治体の自治権確立に向けた動きとも重なり合っていた。この動きを象徴したのが、長洲一二神奈川県知事の呼びかけによって実現した「地方の時代シンポジウム」（1978年7月）である。畑や長洲のほか、美濃部亮吉東京都知事、飛鳥田一雄横浜市長、伊藤三郎川崎市長といった革新首長が出席したシンポジウムの席上、畑は基調講演の中で、「環境整序権」について提案した。

　以後も継続的に環境整序権をテーマにしたシンポジウムが連続して開催された。1979年11月には、「環境整序権を考える〈地方の時代〉シンポジウム」が開かれ、畑は「私は、自然環境、生活環境、生産環境をトータルで整序しながら、まちづくり、むら

づくりをしていくべき権能は、本格的に地方自治体にあるべきだと思っております。ところが、今日の中央集権的縦割り行政機構は、それをばらばらにし、しかも、画一化してしまっております。そこから生じている各種の矛盾を克服して、真に住民の欲する郷土づくりを進めていくためには、地方自治体に環境整序権とも言うべき自治権を確立しなければならないというのが私の考え」だと述べた。

さらに、1980年11月に開催された「環境整序権を考える〈地方の時代〉シンポジウム"住みよいまちづくりへ向けて"」で、畑は「住民本位の住みよいまちづくり、むらづくりを考える場合、それは都市計画法に規定された都市計画の範囲にとどまるものではなく、広く福祉、住宅、交通、環境、雇用、資源、エネルギーなどの問題を総合的に整序」することが、今日の地方自治体に求められており、したがって環境整序権の確立には、「国の縦割り的行政機構における画一化、重複化された行政のなかで、地方自治体が創意と工夫を結集して、住民にとって真に住みよいまちづくりに取り組んでいく戦術の研究を並行して進めていくことが極めて実証的な意味で重要」との認識を示した（高崎1982：54-56）。

この環境整序権確立のための戦術として「環境整序計画」が作成された。「環境整序計画」は、「埼玉県の戦後の環境行政と産業行政と都市計画行政の総括の上に、さらにその成果を超えて、より拡大した行政効果を狙った画期的な行政目標」といった意味合いが込められていた。実際の政策としては、1973年の市街化調整区域の開発抑制を目的とした「線引き凍結宣言」の実施、先行取得農地買戻し推進事業、61市町村における宅地開発指導要綱

の策定、建築協定同60市町制定、1975年度以降の行政が入居希望者のニーズに沿って公営住宅を建設する「公営住宅入居者申告登録制度」が挙げられる。

　特に注目したいのは、後に詳述する1979年「ふるさと埼玉の緑を守る条例」の制定、農地の宅地並課税を弾力的に適用する「都市田園緑地制度」の創設である。これらの条例や制度は、身近な「緑」保全政策という埼玉県独自の政策として、今日の埼玉県における環境行政などの基礎をなしている。

　このうち「都市田園緑地制度」は、市街化区域中もしくは近接地域において、「イギリスの田園公園に似たような多面的な緑地としての機能を統合した新しい価値を持った田園緑地を永続的に保全する制度」だった（埼玉県1980：63）。それは明らかに人口集中が課題となっていたロンドンから人口と産業の計画的分散を図ったエベネザー・ハワードの田園都市論を下敷きに、三全総の定住構想や梅棹ら田園都市構想研究グループによりまとめられた田園都市国家構想を意識していた。つまり、「文化の時代」や「地方の時代」に適合し、地方の文化開発促進を旗印とした田園都市論は、革新自治体による新たな環境整備行政ともつながっていた。

　「自治と連帯」、「環境整序権の確立」は、中央集権政治システムや縦割り行政の見直し、地方自治体の自治権確立を目指す、畑の政治理念そのものだった。「文化」の二文字は含まれていないものの、そこには、国家政策としての文化開発とのつながりを内包しつつ、「文化の専管部署だけでなく全庁各部門がみな文化的視点に立って、それぞれの行政をすすめていく」（長井1981：306-307）という行政の文化化に込められた考え方と共通の基盤を持っ

ていた。

第3項　文化行政に対応した行政組織の改編

文化行政前夜としての余暇行政

　埼玉県では「自治と連帯」に基づく文化行政を展開するため、1973年7月に全国に先駆けて「余暇対策課」を設置した。高度成長期を経て、労働条件の改善によって人々の余暇時間が増大した一方で、埼玉県のような人口急増地域では、生活環境の悪化や地域社会における連帯感の喪失が課題となっていた。畑が「文化の問題は、当初、余暇対策の問題としてとらえていた」（畑1990）と語ったように、新たに生まれた余暇の中で改めて個人の生活を見つめなおすということが初期の文化行政の課題として浮上していた。実際に、畑が知事として県民の声を直接聴く「知事を囲む広聴集会」（1973年）では、「くらしと余暇利用」がテーマの一つとして掲げられ、動物園や水上公園の整備が議論された（埼玉県広聴課編 1973）。

　余暇対策は、それまでの教育行政における文化財を中心とする文化に係る行政とは異なる文化行政担当の部局を知事部局に設置する目玉政策となっていた。この背景には、日本における余暇行政の興隆があった。1966年、経済企画庁内に設置された国民生活審議会は、「将来の国民生活像：20年後のビジョン」の中で、労働時間の改善や教育水準の上昇等を受けて余暇問題が国民生活行政の重要な課題であることを提示した。1972年に国民生活審議会は、「レジャーへの提言」をまとめ、消費者保護の見地に立

つレジャーの検討を行った。これを受けて1973年に、「余暇行政に関する各省庁連絡会」や「都道府県余暇行政担当課長会議」が発足し、余暇行政の推進が具体的に検討されていった。埼玉県における余暇行政推進もまた全国レベルでの潮流に沿ったものだった。

余暇対策課がそれまでの民生部を改組した生活福祉部に配置され、福祉政策の一環として位置づけられていたことも重要である。余暇対策としての文化の問題は、全庁的な課題ではなく、福祉という限定的な施策範囲にとどまるものだった。

ところが畑は、余暇行政を進めてみると「どうも余暇という言葉で、時代の流れを捉えることは適切ではないように思うようになった。というのは、まず余暇対策は、時間と金銭と自主性の三つが揃っていることが前提である。ところが、余暇という言葉も実際は「自由時間」といったほうが適切だし、余暇対策という言葉も何か馴染みのないものに思えた」（畑1990：174-175）からだという。それよりも文化振興という言葉で表現する方が理解されやすのではないかとの結論に達し、1976年に県民文化課を創設した（**表5**）。

余暇対策から文化行政へ：県民文化課の誕生

余暇行政の転換から生まれ、文化行政を担う県民文化課は組織上、どのような特性をもっていたのであろうか。前出の高橋一郎埼玉新聞社社長との対談において、畑は県民文化課の設置について次のように触れている。

1971.5.1		1972.5.1		1973.7.1		1974.5.1	
直轄	秘書室	直轄	秘書室	直轄	秘書課	企画財政部	調整課
	企画室		企画室		広聴課		企画課
総務部	人事課	総務部	人事課	企画財政部	広報課		財政課
	職員課		職員課		調整課		地域対策課
	文書学事課		文書課		企画課		交通対策課
	財政課		学事課		財政課		水資源課
	管財課		財政課		地域対策課		同和対策課
	税務課		管財課		交通対策課		統計課
	地方課		税務課		水資源課	総務部	秘書課
	電子計算可		地方課		同和対策課		広聴課
	統計課		電子計算課		統計課		広報課
	広報課		統計課	総務部	人事課		行政管理課
	渉外課		広報課		行政管理課		職員課
	消防防災課		渉外課		職員課		文書課
	地方公務員研修所		消防防災課		文書課		学事課
開発部	調整課		地方公務員研修所		学事課		管財課
	利根広域開発課	開発部	調整課		管財課		税務課
	比企広域開発課		利根広域開発課		税務課		地方課
	県南都市開発課		比企広域開発課		地方課		旅券渉外課
	県北広域開発課		県南都市開発課		旅券渉外課		電子計算課
	軌道交通対策課		県北広域開発課		電子計算課		地方公務員研修所
県民生活部	県民課		軌道交通対策課		地方公務員研修所	環境部	自然保護課
	交通安全課	県民生活部	水資源課	環境部	自然保護課		公害対策課
	公害対策課		県民課		公害対策課		大気規制課
	公害規制課		交通安全課		大気規制課		水質規制課
	消費生活課		公害対策課		水質規制課		交通安全課
	砂利管理課		公害規制課		交通安全課		消防防災課
民生部			消費生活課		消防防災課	生活福祉部	
衛生部			自然保護課	生活福祉部		衛生課	
商工部		民生部		衛生課		商工部	
農林部		衛生部		商工部		農林部	
労働部		商工部		農林部		労働部	
土木部		農林部		労働部		土木部	
出納局		労働部		土木部		住宅都市部	
		土木部		住宅都市部		出納局	
		出納局		出納局			

表5 埼玉県行政組織の変遷（埼玉県 1993『埼玉県行政組織変遷史』より引用者作成）

1975.5.1		1976.9.1		1977.11.1	
企画財政部	調整課	直轄	秘書課	直轄	秘書課
	企画課	企画財政部	企画総務課	企画財政部	企画総務課
	財政課		企画調整課		企画調整課
	地域対策課		財政課		財政課
	交通対策課		土地対策課		土地対策課
	水資源課		交通対策課		交通対策課
	同和対策課		水資源課		水資源課
	統計課		同和対策課		同和対策課
総務部	秘書課	総務部	統計課	総務部	統計課
	広聴課		広聴課		広聴課
	広報課		広報課		広報課
	人事課		県民文化課		県民文化課
	行政管理課		人事課		県史編さん室
	職員課		行政管理課		人事課
	文書課		職員課		行政管理課
	学事課		文書課		職員課
	管財課		学事課		文書課
	税務課		管財課		学事課
	地方課		税務課		管財課
	旅券渉外課		地方課		税務課
	電子計算課		旅券渉外課		地方課
	地方公務員研修所		電子計算課		旅券渉外課
環境部	自然保護課	環境部	地方公務員研修所		電子計算課
	公害対策課		公害対策課		自治振興センター
	大気規制課		大気保全課		地方公務員研修所
	水質規制課		水質保全課	環境部	環境管理課
	交通安全課		自然保護課		大気保全課
	消防防災課		交通安全課		水質保全課
生活福祉部			消防防災課		自然保護課
衛生課		生活福祉部			交通安全課
商工部		衛生課			消防防災課
農林部		商工部		生活福祉部	
労働部		農林部		衛生課	
土木部		労働部		商工部	
住宅都市部		土木部		農林部	
出納局		住宅都市部		労働部	
		出納局		土木部	
				住宅都市部	
				出納局	

1978.11.1		1979.11.1		1980.4.1		1981.4.1	
直轄	秘書課	直轄	秘書課	直轄	秘書課	直轄	秘書課
企画財政部	企画総務課	企画財政部	企画総務課	企画財政部	企画総務課	企画財政部	企画総務課
	企画調整課		企画調整課		企画調整課		企画調整課
	財政課		財政課		財政課		財政課
	土地対策課		土地対策課		土地対策課		土地対策課
	交通対策課		交通対策課		交通対策課		交通対策課
	水資源課		水資源課		水資源課		水資源課
	同和対策課		基地対策課		基地対策課		基地対策課
	統計課		同和対策課		同和対策課		同和対策課
総務部	広聴課	総務部	統計課	総務部	統計課	総務部	統計課
	広報課		人事課		人事課		人事課
	県民文化課		行政管理課		行政管理課		行政管理課
	県史編さん室		職員課		職員課		職員課
	人事課		文書課		文書課		文書課
	行政管理課		学事課		学事課		学事課
	職員課		管財課		管財課		管財課
	文書課		税務課		税務課		税務課
	学事課		地方課		地方課		地方課
	管財課		旅券外事課		旅券外事課		旅券外事課
	税務課		電子計算課		電子計算課		電子計算課
	地方課	県民部	自治振興センター	県民部	自治振興センター	県民部	自治振興センター
	旅券渉外課		広聴課		広聴課		広聴課
	電子計算課		広報課		広報課		広報課
	自治振興センター		県民文化課		県民文化課		県民文化課
環境部	環境管理課		県史編さん室		県史編さん室		県史編さん室
	大気保全課		青少年課		青少年課		青少年課
	水質保全課		消費生活課		婦人対策課		婦人対策課
	自然保護課		交通安全課		消費生活課		消費生活課
	交通安全課	環境部	環境管理課		交通安全課		交通安全課
	消防防災課		大気保全課		環境管理課		美術館開設準備室
	地震対策課		水質保全課	環境部	大気保全課	環境部	環境管理課
生活福祉部			自然保護課		水質保全課		環境審査課
衛生課			消防防災課		自然保護課		大気保全課
商工部			地震対策課		消防課		水質保全課
農林部		生活福祉部			地震防災課		自然保護課
労働部		衛生課		生活福祉部			消防課
土木部		商工部		衛生課			地震防災課
住宅都市部		農林部		商工部		生活福祉部	
出納局		労働部		農林部		衛生課	
		土木部		労働部		商工部	
		住宅都市部		土木部		農林部	
		出納局		住宅都市部		労働部	
				出納局		土木部	
						住宅都市部	
						出納局	

1982.4.1		1983.4.1		1984.4.1	
直轄	秘書課	直轄	秘書課	直轄	秘書課
企画財政部	企画総務課	企画財政部	企画総務課	企画財政部	企画総務課
	企画調整課		企画調整課		企画調整課
	財政課		財政課		財政課
	土地対策課		土地対策課		地域政策課
	交通対策課		交通対策課		交通対策課
	水資源課		水資源課		水資源課
	同和対策課		同和対策課		同和対策課
	統計課		統計課		統計課
総務部	人事課	総務部	人事課	総務部	人事課
	行政管理課		職員課		職員課
	職員課		文書課		文書課
	文書課		公文書センター		公文書センター
	学事課		学事課		学事課
	管財課		管財課		管財課
	税務課		税務課		税務課
	地方課		地方課		地方課
	旅券外事課		旅券外事課		旅券外事課
	電子計算課		電子計算課		電子計算課
県民部	自治振興センター	県民部	広聴課	県民部	広聴課
	広聴課		広報課		広報課
	広報課		自治文化振興課		自治文化振興課
	県民文化課		県史編さん室		県史編さん室
	県史編さん室		青少年課		青少年課
	青少年課		婦人対策課		婦人対策課
	婦人対策課		消費生活課		消費生活課
	消費生活課		交通安全課		交通安全課
	交通安全課		環境管理課		環境管理課
環境部	環境管理課	環境部	環境審査課	環境部	環境審査課
	環境審査課		大気保全課		大気保全課
	大気保全課		水質保全課		水質保全課
	水質保全課		環境整備課		環境整備課
	自然保護課		自然保護課		自然保護課
	消防課		消防防災課		消防防災課
	地震防災課	生活福祉部		生活福祉部	
生活福祉部		衛生課		衛生課	
衛生課		商工部		商工部	
商工部		農林部		農林部	
農林部		労働部		労働部	
労働部		土木部		土木部	
土木部		住宅都市部		住宅都市部	
住宅都市部		出納局		出納局	
出納局					

1984.11.1		1985.4.1		1986.4.1		1986.10.1	
直轄	秘書課	直轄	秘書課	直轄	秘書課	直轄	秘書課
	政策審議室		政策審議室		政策審議室		政策審議室
企画財政部	企画総務課	企画財政部	企画総務課	企画財政部	企画総務課	企画財政部	企画総務課
	企画調整課		企画調整課		企画調整課		企画調整課
	財政課		財政課		財政課		財政課
	地域政策課		地域政策課		地域政策課		地域政策課
	交通対策課		交通対策課		ユーアンドアイプラン推進室		ユーアンドアイプラン推進室
	水資源課		水資源課		交通政策課		交通政策課
	同和対策課		同和対策課		水資源課		水資源課
	統計課		情報管理課		同和対策課		同和対策課
総務部	人事課	総務部	統計課	総務部	情報管理課	総務部	情報管理課
	職員課		人事課		統計課		統計課
	文書課		職員課		人事課		人事課
	公文書センター		文書課		職員課		職員課
	学事課		公文書センター		文書課		文書課
	管財課		学事課		公文書センター		公文書センター
	税務課		管財課		学事課		学事課
	地方課		税務課		管財課		管財課
	旅券外事課		地方課		税務課		税務課
	電子計算課		旅券外事課		地方課		地方課
県民部	広聴広報課	県民部	広聴広報課	県民部	旅券外事課	県民部	旅券外事課
	県民総務課		県民総務課		広聴広報課		広聴広報課
	自治文化振興課		自治文化課		県民総務課		県民総務課
	県史編さん室		県史編さん室		自治文化課		自治文化課
	青少年課		青少年課		県史編さん室		県史編さん室
	婦人対策課		婦人対策課		青少年課		青少年課
	消費生活課		消費生活課		婦人対策課		婦人対策課
	交通安全課		交通安全課		消費生活課		消費生活課
環境部	環境管理課	環境部	環境管理課	環境部	交通安全課	環境部	交通安全課
	環境審査課		環境審査課		環境管理課		環境管理課
	大気保全課		大気保全課		環境審査課		環境審査課
	水質保全課		水質保全課		大気保全課		大気保全課
	環境整備課		環境整備課		水質保全課		水質保全課
	自然保護課		自然保護課		環境整備課		環境整備課
	消防防災課		消防防災課		自然保護課		自然保護課
生活福祉部		生活福祉部			消防防災課		消防防災課
衛生課		衛生課		生活福祉部		生活福祉部	
商工部		商工部		衛生課		衛生課	
農林部		農林部		商工部		商工部	
労働部		労働部		農林部		農林部	
土木部		土木部		労働部		労働部	
住宅都市部		住宅都市部		土木部		土木部	
出納局		出納局		住宅都市部		住宅都市部	
				出納局		出納局	

1987.4.1		1987.10.1		1988.4.1		1988.11.1	
直轄	秘書課	直轄	秘書課	直轄	秘書課	直轄	秘書課
	政策審議室		政策審議室		政策審議室		政策審議室
企画財政部	企画総務課	企画財政部	企画総務課	企画財政部	企画総務課	企画財政部	企画総務課
	企画調整課		企画調整課		企画調整課		企画調整課
	財政課		財政課		財政課		財政課
	地域政策課		地域政策課		土地政策課		土地政策課
	ユーアンドアイプラン推進室		ユーアンドアイプラン推進室		地域整備推進課		地域整備推進課
	交通政策課		交通政策課		ユーアンドアイプラン推進室		ユーアンドアイプラン推進室
	水資源課		水資源課		交通政策課		交通政策課
	同和対策課		同和対策課		水資源課		水資源課
	情報管理課		情報管理課		同和対策課		同和対策課
	統計課		統計課		情報管理課		情報管理課
総務部	人事課	総務部	人事課	総務部	統計課	総務部	統計課
	職員課		職員課		人事課		人事課
	文書課		文書課		職員課		職員課
	公文書センター		公文書センター		文書課		文書課
	学事課		学事課		公文書センター		公文書センター
	管財課		管財課		学事課		学事課
	税務課		税務課		管財課		管財課
	地方課		地方課		税務課		税務課
	国際交流課		国際交流課		地方課		地方課
県民部	広聴広報課	県民部	広聴広報課	県民部	国際交流課	県民部	国際交流課
	県民総務課		県民総務課		広聴広報課		広聴広報課
	自治文化課		自治文化課		県民総務課		県民総務課
	県史編さん室		県史編さん室		自治文化課		自治文化課
	青少年課		青少年課		県史編さん室		県史編さん室
	婦人対策課		婦人行政課		青少年課		青少年課
	消費生活課		消費生活課		婦人行政課		婦人行政課
	交通安全課		交通安全課		消費生活課		消費生活課
環境部	環境管理課		国民文化祭推進室		交通安全課		国民安全課
	環境審査課	環境部	環境管理課		国民文化祭推進室		国民文化祭推進室
	大気保全課		環境審査課	環境部	環境管理課	環境部	環境管理課
	水質保全課		大気保全課		環境審査課		環境審査課
	環境整備課		水質保全課		大気保全課		大気保全課
	自然保護課		環境整備課		水質保全課		水質保全課
	消防防災課		自然保護課		環境整備課		環境整備課
生活福祉部			消防防災課		自然保護課		自然保護課
衛生課		生活福祉部			消防防災課		消防防災課
商工部		衛生課		生活福祉部		生活福祉部	
農林部		商工部		衛生課		衛生課	
労働部		農林部		商工部		商工部	
土木部		労働部		農林部		農林部	
住宅都市部		土木部		労働部		労働部	
出納局		住宅都市部		土木部		土木部	
		出納局		住宅都市部		住宅都市部	
				出納局		出納局	

1989.4.1		1990.4.1		1991.4.1		1991.7.1	
直轄	秘書課	直轄	秘書課	直轄	秘書課	直轄	秘書課
	政策審議室		政策審議室		政策審議室		政策審議室
企画財政部	企画総務課	企画財政部	企画総務課	企画財政部	企画総務課	企画財政部	企画総務課
	企画調整課		企画調整課		企画調整課		企画調整課
	財政課		財政課		財政課		財政課
	土地政策課		土地政策課		土地政策課		土地政策課
	地域整備推進課		地域整備推進課		地域整備推進課		地域整備推進課
	ユーアンドアイプラン推進室		ユーアンドアイプラン推進室		ユーアンドアイプラン推進室		ユーアンドアイプラン推進室
	交通政策課		交通政策課		交通政策課		交通政策課
	水資源課		水資源課		水資源課		水資源課
	同和対策課		同和対策課		同和対策課		同和対策課
	情報管理課		情報管理課		情報管理課		情報管理課
	統計課		統計課		統計課		統計課
総務部	人事課	総務部	人事課	総務部	人事課	総務部	人事課
	職員課		職員課		職員課		職員課
	文書課		文書課		文書課		文書課
	公文書センター		公文書センター		公文書センター		公文書センター
	学事課		学事課		学事課		学事課
	管財課		管財課		管財課		管財課
	税務課		税務課		税務課		税務課
	地方課		地方課		地方課		地方課
	国際交流課		国際交流課		国際交流課		国際交流課
県民部	広聴広報課	県民部	広聴広報課	県民部	広聴広報課	県民部	広聴広報課
	県民総務課		県民総務課		県民総務課		県民総務課
	自治文化課		自治文化課		自治文化課		自治文化課
	県史編さん室		県史編さん室		文化芸術事業推進室		文化芸術事業推進室
	青少年課		青少年課		県史編さん室		県史編さん室
	婦人行政課		婦人行政課		青少年課		青少年課
	消費生活課		消費生活課		女性政策課		女性政策課
	国際安全課		交通安全課		消費生活課		消費生活課
	国民文化祭推進室		環境管理課		交通安全課		交通安全課
環境部	環境管理課	環境部	環境審査課	環境部	環境管理課	環境部	環境管理課
	環境審査課		大気保全課		地球環境保全推進室		地球環境保全推進室
	大気保全課		水質保全課		環境審査課		環境審査課
	水質保全課		環境整備課		大気保全課		大気保全課
	環境整備課		自然保護課		水質保全課		水質保全課
	自然保護課		消防防災課		環境整備課		環境整備課
	消防防災課	生活福祉部			自然保護課		自然保護課
生活福祉部		衛生課			消防防災課		消防防災課
衛生課		商工部		生活福祉部		生活福祉部	
商工部		農林部		衛生課		衛生課	
農林部		労働部		商工部		商工部	
労働部		土木部		農林部		農林部	
土木部		住宅都市部		労働部		労働部	
住宅都市部		出納局		土木部		土木部	
出納局				住宅都市部		住宅都市部	
				出納局		出納局	

1992.4.1		1992.7.1		1993.4.1	
直轄	秘書課	直轄	秘書課	直轄	秘書課
	政策審議室		政策審議室		企画総務課
企画財政部	企画総務課	企画財政部	企画総務課	企画財政部	企画調整課
	企画調整課		企画調整課		財政課
	財政課		財政課		土地政策課
	土地政策課		土地政策課		地域政策推進課
	地域調整推進課		地域調整推進課		交通政策課
	ユーアンドアイプラン推進室		ユーアンドアイプラン推進室		水資源課
	交通政策課		交通政策課		同和対策課
	水資源課		水資源課		情報管理課
	同和対策課		同和対策課		統計課
	情報管理課		情報管理課	総務部	人事課
	統計課		統計課		職員課
総務部	人事課	総務部	人事課		文書課
	職員課		職員課		公文書センター
	文書課		文書課		学事課
	公文書センター		公文書センター		管財課
	学事課		学事課		税務課
	管財課		管財課		市町村課
	税務課		税務課		国際課
	地方課		地方課	県民部	広聴広報課
	国際交流課		国際交流課		県民総務課
県民部	広聴広報課	県民部	広聴広報課		自治文化課
	県民総務課		県民総務課		文化芸術事業推進室
	自治文化課		自治文化課		県史編さん室
	文化芸術事業推進室		文化芸術事業推進室		青少年課
	県史編さん室		県史編さん室		女性政策課
	青少年課		青少年課		消費生活課
	女性政策課		女性政策課		交通安全課
	消費生活課		消費生活課	環境部	環境総務課
	交通安全課		交通安全課		地球環境保全推進室
環境部	環境管理課	環境部	環境管理課		環境審査課
	地球環境保全推進室		地球環境保全推進室		大気保全課
	環境審査課		環境審査課		水質保全課
	大気保全課		大気保全課		廃棄物対策課
	水質保全課		水質保全課		自然保護課
	環境整備課		廃棄物対策課		消防防災課
	自然保護課		自然保護課	生活福祉部	
	消防防災課		消防防災課	衛生課	
生活福祉部		生活福祉部		商工部	
衛生課		衛生課		農林部	
商工部		商工部		労働部	
農林部		農林部		土木部	
労働部		労働部		住宅都市部	
土木部		土木部		出納局	
住宅都市部		住宅都市部			
出納局		出納局			

高橋　なるほど、そうですか。それから県民文化課を知事部局に置かれたことは、とてもいいことですね。

知事　県民文化課も新しい考えに立ったものの一つです。いままで文化というと、これは教育局の所管ということになっていたわけです。ところが、教育局の社会教育課でやる文化というのでは、どうしても範囲が狭くなりますね。

高橋　教育局というのは、学校教育がやはり主眼ですから、発想の仕方が全然ちがうのでしょうね。

知事　そう、文字どおり教育になってしまうんです。社会教育担当者の多くは学校の先生出身ですから、どうしても発想に教育ということがついてまわるんじゃないですか。

高橋　そう、そういうことがあるのでしょうね。

知事　文化行政は、教育局がこれまでやってきたようなことは教育局でやって結構だが、県の行政としてはそれだけでなくもっと大きな視野でとらえる必要があります。まあ、そういう点で県民文化課を3年ほど前に設けたのです。（畑 1979：280）

同様に畑は、井上幸治津田塾大学教授との対談で県民文化課設置にあたっての背景を次のように説明していた。

知事　文化関係のことは、県の行政上一応教育局に入っているんですが、広い意味の文化は、やはり知事局でやるべきではないか、というのが私の考えなんです。それで新しく県民室長をおき、県民文化課をつくったわけです。従来、教育局に包含されていたんですが、教育と名のつくものは文化とはちょっと

違うように思うんですね。

　教育局の社会教育は、社会教育として必要だし、文化財保護関係も教育局にまかせている。広い意味の文化である体育、スポーツもこれまで教育局の専管になってきたが、文化と教育は違うところもあると思うので、このへんの交通整理を若干する必要がある。教育局から取り上げるという考え方でなしに、知事部局では、広い立場で埼玉の文化を考え、発展させてゆく、その責任が私にあるように思っているんですが、いかがですか。
井上　　高度成長がストップし、そこへあなたが出してきたのが文化行政でしょう。これは賢明だと思うね。成長政策による乱開発で地域が荒れ果ててしまった。これに対する反省の意味で出された文化行政だから、広範にしかも真剣に取り組んでほしいね。(埼玉県県民文化課 1982：53-54)（傍点引用者）

　畑は、教育＝文化ではなく、教育を含んだより広い概念としての文化を扱う部署として県民文化課を設置した。従来の教育行政における文化の扱いを温存しつつ、より広い概念としての文化を所管する部署を首長直轄に位置づけ、文化行政を展開するための機構改革を実行したのである。

　社会教育や文化財保護を担当する部署が教育委員会内に設置されているのは、「地方教育行政の組織及び運営に関する法律」に教育委員会固有の職務として位置づけられてきたことに求められる。中でも文化財保護については、2018年の同法一部改正で条例により地方自治体の長が担当できるようになったが、それまで文化財保護については教育委員会が担ってきた。教育委員会が文

化財保護行政を担当するメリットは、首長部局からの独立性を教育委員会が保持しているゆえに、時々の首長による政治的介入を避け、安定的な文化財の保護政策を維持できることにある。文化財の保護は時として開発行政と対立的な関係に陥りやすい。開発優先により文化財が失われないための一つの方策として、組織として開発部局を有する首長部局と文化財保護部局を擁する教育委員会とは、それぞれ独立した組織であるべきだという意図がこの法制度には含まれている。

一方で、梅棹の「チャージ論・ディスチャージ論」が示したように、チャージ（充電）つまり市民が享受するものとして教育行政のみが文化を扱うのではなく、ディスチャージ（放電）として市民が発信あるいは表現する文化は、自治体政策全体として取り組むべきものという議論があった（梅棹 1980b：11）。

この議論に先行するかたちで、地方自治体では首長部局に文化を扱う部局が設置されていた。1958 年に京都市長であった高山義三は、「教育委員会は教育で手がいっぱいだから、文化は私自身がやる」として市長部局に文化局を設置し、観光を中心とする独自の文化行政を進めていった。1966 年には、蜷川虎三京都府知事が知事部局部文化事業室を設置し、府民の自主的な文化活動のサポートを試みた（森 1979：233）。1968 年の文化庁設置を契機として、文化庁の下に各自治体の文化行政は系列化していくことになったが、他方で革新自治体を中心に首長部局内と教育委員会内の二つに文化行政担当部局を併設する動きが加速していった。埼玉県に県民文化課が設置された翌 77 年には、神奈川県において知事部局に文化室が誕生した。[67]

行政としての文化の扱い方を教育という特定の枠組みから解放し、自治体の施策全体に文化行政を取り込もうとする試みは、当時の先進的な自治体に共通して見られた。畑埼玉県政においての施策もこうした潮流を踏まえたものだった。

　一方で、埼玉県内の財界人の一人長島恭助は、次のような疑義を畑に投げかけた。

> 知事部局の県民文化課と、教育局の接点については、むずかしい問題もあるんじゃないかと思いますね。事実、文化会館などのいろんな施設がありますが、一つは教育局、一つは県民文化課というのでは、県民が戸惑ってしまいます。接点を十分に考えてやらないと、混乱が起きたり、空白が出来たりする恐れがあるんじゃないかと思うんです（中略）
> 伝承文化によって県民と郷土意識を盛り上げてゆくことはできると思います。地域住民が文化財などを展観することによって「こういうこともあるんだなあ」と県を知り、そこから楽しみがましてくることもあると思いますね。そういう意味から、教育局と知事部局との文化行政に対する"接点"が大事になってくるんじゃないかと思うんです。それが調和することで、本当の文化行政が生まれるんじゃないでしょうか。（埼玉県県民文化課 1982：88）

　この発言から長島は、文化財や伝統文化は保存の対象であるだけでなく、県民が自らの地域を捉え直し、アイデンティティを醸成するツールとして捉えていた。この認識に立って、長島は教育

局と知事部局の「接点」を如何に設定するかという問題を懸念していた。その後の文化行政を展開する中で、畑は両者の「接点」を模索していったのであるが、実際には、首長部局の文化行政と教育委員会の文化財保護行政との間に接点は無く、結果的にこの長島の懸念は、的中してしまうことになる。

第4項　文化行政理念としての行政の文化化

　県民文化課設置の翌年から、埼玉県では知事の諮問機関として文化行政懇談会を発足させた。「ゆたかな県民生活と文化行政の展開」（第一次1977）、「文化行政の展開と施設整備のあり方」（第二次1979）、「地域における文化と行政」（第三次1980）、「花県さいたまの環境デザイン」（第四次1981）、「花県さいたま：常住景の創造」（第五次1982）の各テーマに沿って学識経験者による審議が行われた。

文化行政懇談会

　第一次文化行政懇談会は、第二期畑県政における文化行政の枠組みを決定付ける上で重要な意味を持っていた。なぜならば、第一文化行政懇談会の議論が、文化行政の具体的な方針となった「人間性」「地域性」「創造性」「美観性」といったキーワードを生み出しただけでなく、各種施策の具現化に重要な役割を果たしたからである。特に戦後の早い段階から整備されてきた文化財保護制度や博物館行政は、文化行政の中で大きな変化を遂げていった。

　第一文化行政懇談会で諮問された事項は、①行政の対象としてとりあげる文化の範囲について、②文化行政を進めるに当たって

の県と市町村の分担区分について、③当面、県が推進すべき文化行政について、④上記以外に文化行政の推進に必要な事項についての四点であった。この四点が議論される中で、そもそも文化の問題は、「最終的には社会を構成するあらゆる主体、個々人が選択すべき」であり、「日常生活の一部として公共性を持つ」ことから、これに対して望まれる「行政の果たすべき役割と機能」を以下の三点にまとめて報告した。

　第一に、市民の文化活動を支えるための環境整備の必要性を指摘した。「図書館、博物館、美術館、音楽堂等芸術・教養を受け取るための施設拡充だけではなく、環境そのものの見直し、点検作業を急がなくてはならない」との指摘は、従来の社会教育施設だけでなく、文化を発信していく施設の設置、拡充を表現していた。併せて芸術文化団体活動への助成拡充が提言されていることは興味深い。

　第二に、「地域づくり」や「まちづくり」の視点から文化施設群を中心とする文化ゾーンを創出し、地域文化とのつながりを踏まえながら都市空間に組み込むことが提言されていた。文化政策としての良好な都市景観の形成を提言していることは、第一の文化施設を初めとした環境整備と併せて、今日の都市計画行政にもつながる指摘である。

　第三に、地域固有の文化形成を目指した文化行政を提言した。「地域づくり」や「まちづくり」には、県民の行政参加が必須となる。しかし、埼玉県南部を中心に外部からの移住者で構成されていた埼玉県においては、県民の行政参加にあたって特に地域に対する深い理解が必要となる。地域固有の文化理解にとって必要

な施策として、懇談会が提案していたのは、県史編さん事業とその成果の人々の文化活動や教育現場への還元、「文化財や街並み保存、博物館、古文書館等の活動の活性化、生活の中に伝わる文化の発掘と伝承への努力、地場産業の振興」であった。

前二項目に対して、第三の指摘は直接的に文化財保護行政と関連する内容となっていた。この提言では、「地域づくり」や「まちづくり」に必要な、市民自身が居住する地域を問い直すという観点から地域の文化や歴史の再点検が企図されていた。従来のように、優品だけを文化財指定し、そのままの形を残そうとする凍結保存の政策ではなく、新旧住民の双方を対象とした新たな地域コミュニティづくりという文化財保護政策の姿を提示した点に特徴があった。これらの提言は、埼玉県文化行政の中で具体化されていったのである。

さらに第一次文化行政懇談会が示した提言のうち、「行政の文化化」と並んでもう一つ重要なテーマが含まれていた。それは、文化行政における県と市町村の関係である。

県レベルの文化行政では、県全体を対象にバランスの取れた文化行政を推進するため、長期的な文化行政基本計画の策定などを図るとともに、一定の圏域を文化行政モデル圏域に指定し、圏域単位での計画を立てることが提言されている。具体的には、「県域全体のバランスからみて著しく格差の大きい圏域、あるいは逆に公共的な支援」を加えることによって活性化されるような圏域を選定し、その圏域に対して「そこにソフト、ハード両面に及ぶ総合的施設を実施」するという内容であった。

この提言は実際に1978年の埼玉県文化行政モデル市町村推進

事業として動き出し、行田市、狭山市、白岡町（現白岡市）、嵐山町、横瀬村（現横瀬町）が指定された。この埼玉県による文化行政モデル市町村の指定とその後の各市町村における事業展開については後述するが、少なくとも市町村は文化行政にとって県以上に重要な役割を担うものとして懇談会メンバーには捉えられていた。なぜならば市町村行政は、「地域社会とより現実的な問題と接触の頻度が高く、文化行政においても第一線に立つもの」だからである。市町村レベルに基づく、日常生活圏に根差した最小単位からの積み上げによる総合的なコミュニティ施策としての文化行政が地域に求められていると提言書では説明がなされた。

より住民生活に密着した市町村レベルにおける文化行政として特筆されるのは、伝統文化の保全について触れられている点である。地域の伝統文化に対して市町村は、「その地域に結びついた郷土芸能、民俗資料等にきめ細かな配慮と手あて」を実践する必要があり、「社会変動の著しい今日、失われて行く民俗、文化財、地方史の第一次資料などを詳かにし、残し伝えて行くには市町村文化行政の努力が必要」だとの第一次文化行政懇談会の見解が示された。

このように初期の埼玉県文化行政では、地域単位での歴史的・文化的な要素を保護するという方向性が示された。中でも市町村レベルにおける文化財保護政策は文化行政において主要な位置を占めていたのである。

行政の文化化

文化行政懇談会における議論の中で生れた言葉の一つが、「行

政の文化化」である。「行政の文化化」は、埼玉県文化行政の根本的な理念であり、他の自治体における文化行政に大きな影響を与えた。

> 文化とはそもそもあらゆる活動分野での究極的な達成目標であるとすれば、この文化行政の確立は単に行政が学問・芸術等に限られた文化を対象とするだけではなく、文化が行政全体のあり方に反映し影響すべきものであり、結局行政の文化化、つまり文化の基準で行政全体を見直すことを意味するのではないだろうか（埼玉県文化行政懇談会 1977：7）

　初期の埼玉県文化行政の中で度々語られる文化行政の「文化」とは文化財や芸術文化に限定したものではなく、文化財や芸術文化をも包含したより広い概念であることの強調はここでも見られる。この幅広い概念としての文化を政策として扱うためには、行政全体がそれに適合した組織になる必要がある。つまり行政の文化化とは、文化行政という一分野を新たに構築するのではなく、行政のあり方自体を改革するという意味が込められていた。
　1970・80年代、いくつかの革新自治体は、省庁単位で縦割りに配置された行政分野を横断的に連携させる試みを展開した。なぜならば、当時は国の機関委任事務が存在し、仮に許認可などの権限が地方自治体の首長に与えられている場合でも、国との事前協議や補助金などの関与によって実質的に国が地方をコントロールする中央集権型の社会システムとなっていたからである。地方自治体が中央省庁の主導による行政の下請け体質を克服し、総合

行政ないし政策行政への転換を図るためのキーワードとして文化が存在した[68]。無論、ここには革新政党による反中央集権主義に対するイデオロギーが介在していた。文化行政懇談会での提言内容は、こうした革新自治体の流れを踏まえたものと理解できる。

第一次文化行政懇談会での議論を踏まえ、畑は1978年の職員に向けた年頭のあいさつの中で次のように述べた。

> 最近わが国で文化の問題について議論や関心が高まりつつあるのは、経済の時代から文化の時代へという言葉に代表されるような価値観の変化があったからで、それは人の心や生き甲斐などといった人間らしさを取りもどそうとする、いわゆる人間性回復の始まりといえよう。
> ここでいう文化とは、たとえば芸術文化とか文化財とかいった狭いものではなく、もっと広い、およそ人間の生活に係るすべてのものを含んでいる。
> 従来の行政では、経済性だとか効率性、計画性などが重視され、そこに住む住民の立場から住みやすさとか、ゆとり、やすらぎ、美しさとかいったものが軽視されてきたように思う。
> これからはそれを改めて、文化の専管部署だけでなく全庁各部門がみな文化的視点に立って、それぞれの行政をすすめていくという発想の転換を期待したい。
> 私はこうした考え方を「行政の文化化」と呼びたい（長井1981：306-307）

こうした畑の考え方を受けて、県民文化課を中心にその内容を

具体化させていった。その結果、行政の文化化を構成する四要素として掲げられたのは次のものだった。

　①やすらぎ、ゆとり、思いやりなどの人間性
　②シンボル性、親しみ、歴史との結びつきなどの地域性
　③オリジナリティ、手づくりなどの創造性
　④美しさ、調和などの美観性

　この四要素を県行政全体に積極的に導入し、具現化していくための体制として県民室長を議長とし、理事や各部局の主管課長25名で構成する「埼玉県の文化行政を推進する会議」が設置され、月1回のペースで会議が開催された（長井1981：306-307）。
　では、この四要素とは具体的に何を指していたのだろうか。1979年2月の埼玉県議会定例会の席上で、文化行政の具体的な推進方策を問われた畑は、四要素に基づく文化行政の推進が「従来の行政慣行とかならずしも一致しない」ところがあるため、「じゃっかんの試行錯誤」がみられると答弁した。続けて、「文化行政の最終目標といたしましては、今後さらに各方面からのご意見をちょうだいし、確立する必要があろうかとぞんじまする」として今後の議論の中で確立していくとした。[69]
　また、埼玉新聞社社長との対談において、文化行政の話題をふられた畑は、行政を文化的視点に立って見直すべきという第一次文化行政懇談会の答申を受けて、「文化的視点とは何だ、ということですが、要するに人間性、美観性、地域性、あるいは創造性などの観点です。それらの基準に従って行政をもう一度見直すべ

きだ、というのが中心の意見です。現在、県の各部でアイディアを考えさせているところです」と語った。つまり、初期において抽象度の高い行政哲学として提示されたのであり、実際の行政施策との調整はその後の課題とされたのである。

行政の文化化を構成する四要素は、埼玉県の文化行政を特色づけ、重要な指針としてたびたび畑の対談や議会答弁、文化行政関連の会議上での担当職員の発言に見られる。しかし、具体的な内容が提示されず、幅広い解釈を許容したことからやがて混乱を招くことになった。

なお、第一次文化行政懇談会の答申が畑知事に提出された翌年には、『埼玉県長期構想』（埼玉県 1978）が策定された。①国と県、市町村の役割分担の明確を図り、国から県、県から市町村へと事務の再配分を促進する、②機関委任事務の見直しを行い、国から地方公共団体へ権限を委譲するよう国に要請する、③増大する地域の行政需要に見合う財源の確保を図る、といった方向性が長期構想に盛り込まれた。[70]

第5項　行政の文化化事業

では、実際に行政の文化化としてどのような事業が展開されたのだろうか。行政の文化化の試行錯誤が展開されていく中で、四要素を具現化したとされる事業の一つとして取り上げられたものをここで取り上げる。

1981 年度には行政の文化化四要素を導入した事業について、職員より公募した 250 件のアイディアの中から行政の文化化推進委員会が 15 件を選出した。県デザイン展の期間中に暮らしの

中のデザインと文化をテーマにしたシンポジウムの開催、久喜図書館の前庭を利用して緑陰を作り、ベンチや彫刻などを配置して、読書や休憩、食事などのできる広場の設置、熊谷養護学校などにおいて障碍児の運動機能向上を図る遊具の開発、行田市忍川の清掃管理施設の一部に階段状の護岸を作り、灯ろう流しなどの行事で利用できる施設の設置、行田繊維工場試験場に見学者用としての足袋の生産工程や製品の展示コーナーの設置などの事例が並ぶ（埼玉県県民文化課 1982：335-340）。

　1981年度事業のうち、神川村（現神川町）において埼玉県と神川村、地元住民の三者が協働して実施した土木事業があった。この事業は、県による県道の歩道改良事業と村による校庭環境整備事業の二つを合わせ、小学校の校庭と歩道を一本化し、教育的配慮を加えつつ、地域コミュニティの場として機能させる広場づくりを実現させた。具体的には、従来の校庭と歩道を仕切っていたブロック塀を除去し、校庭を地域に開かれたものとして整備を図った。その一方で、小学校という場所の性格を考慮して、村の文化財や史跡の案内板の設置、校舎の壁面に地区の歴史年表を掲示するなど教育的な配慮が組み込まれた。

　そもそも学校脇の歩道拡張は、地元住民から要望されたものだった。地元住民の要望に応えるかたちで本事業を担当する県土木事務所は、行政の文化化の四要素を意識し、歩道と校庭の仕切りがなく、「林の中を通り抜けるような、雰囲気を持つ歩道」案を地元住民側に投げかけた。この検討にあたっては、区長やPTA、教職員、老人クラブ、県や村の職員で構成した校庭環境整備委員会を立ち上げることとなった。

写真5 神川村（現神川町）における歩道改良事業と校庭環境整備事業

校庭環境整備委員会の席上では、校庭と歩道を仕切るブロック塀を無くすことについて教育的観点、財産管理の観点から不安の声が学校側から上がった。これに対して県土木事務所は、完成後の管理は教育委員会が直接管理し、学校が管理するという従来の方法を変更するなどの対応で調整した。そのため県の担当者は設計変更以上に意見調整に最も苦労したという。この県と村、住民の三者によって実現した本事業は、①住民の間に小学校は自分たちのものであり、広場づくりも住民が主体となるべきという意識が住民の間に浸透した、②築山や小川で遊ぶ子供、近接するゲートボール場で汗を流す高齢者が同一の空間にいることで多世代間交流が実現した、といった効果が表れたという[71]（近畿ブロック知事会編 1984：72-75）。

　このことを環境社会学者の鳥越皓之による「地域資源」と「地域資本」の議論を補助線に考えてみたい。鳥越は、地域資源を「値打ちがあることが認識されているだけで、まだ使用を前提としていない」もので、「使用可能となるためには、その資源を可能体に変型する必要がある」。それに対して、「使用可能になり、使用を前提とする資源」を地域資本という。具体的に地域資本とは、使用を前提とした物質や組織や共同意識のことを指す。たとえば、魅力的な水辺があったとすると、それをまちづくりの一環にしようとしたとき、これを地域資本と捉えることができる（鳥越 2009：61-62）。

　神川村の歩道改良事業と校庭環境整備事業が、地方自治体主導による従来型インフラ整備として、地域住民の声を無視したものであったならば、一定の値打ちがあることが認識されているもの

の、使用可能状態にはない「地域資源」にとどまっていた。しかし、上述のように、歩道改良と校庭環境整備の計画段階から県や村のみならず、その使用者である住民が関与していたことで、広場が住民にとって生活の延長線上において使用可能な状態に置かれた。つまり、住民の参画による、歩道改良と校庭環境、広場の一体的な整備は、「地域資源」から「地域資本」への転換を意味した。行政の文化化とは、価値あるものと認識されながら使用を前提としていない「地域資源」を使用可能な「地域資本」へと形を変える政策理念だった。

　埼玉県を含めた革新自治体による文化行政の多くは、その晩年に大型の公共施設建設へと傾倒して行った。それゆえに、文化行政に基づく文化施設整備は、「ハコモノ行政」として批判されることが少なくなかった。初期の行政の文化化に基づく事業もまた、単に施設整備に「文化的な」要素を組入れたに過ぎないと捉えられがちである。

　だが、本事業のように、新たな広場が整備されたそのこと自体の意味だけでなく、事業を具現化するプロセスやその後の人々の意識や行動の変化自体に高い価値が置かれていたのが、初期の行政の文化化の実践であった。公共事業において市民の意思決定が重視される今日にあって、このような事例は今日的な視点から捉えれば、特筆されるべきものではないのかもしれない。しかし、1980年代頃までの自治体による社会資本整備は、画一的かつ一方的であり、市民が直接意見を反映させることが困難な当時の状況にあって、地域の人々が自らの施設整備の計画者として主体的に事業に参加しうる環境は、極めて画期的であったと言える。

他方、施設整備の設計から施工を担うのが、土木行政であると行政組織内外の人々に捉えられることが多い。これに対して、本事業の担当者が、設計変更以上にステークホルダー間の意見をまとめることが困難であったと述懐しているように、施設のあり方を誰が決定するのかという点を重視し、それに相応しい設計や施工を見直していた。つまり、従来の行政システム自体を行政自身が問い直すことができたことが、重要な価値を持っていた。行政の文化化が行政自身の手によって組織のあり方全体を問い直す思想であったとすれば、少なくとも本事業はその思想を一定ていど体現していたと考えられる。

第6項　文化財をまちづくりに活かすという試み

　第二期畑県政において県民文化課の設置、文化行政懇談会の立ち上げとともに重要な施策は、従来の文化財保護政策を文化行政の中に位置づけたことだった。

　戦後日本の文化政策は、文化財保護政策に力を注いできた。もともと文化財の保護は、保存と活用の両輪で成り立っているとされてきたが、実際には保存が重視されてきた。他方で文化財の活用は、博物館等での展示によって教育資源としての活用を意味することが多く、産業や観光などのまちづくりの視点からの活用はあまり試みられていなかった。初期の畑県政における文化行政の中で文化財保護政策改革にメスを入れたのは、極めて画期的な出来事だった。

　多くの自治体で教育委員会内に自治体史編纂室が設けられる中で、畑は首長部局である県民文化課内に県史編さん室を設け、

1978年に柳田敏司を室長に抜擢した。埼玉県の文化財保護行政黎明期を主導してきた柳田を文化行政の中心に据えたことは、教育委員会畑の職員を新たな県行政の中核に抜擢したという人事上の目新しさだけでなく、教育行政という枠組みに限定されがちな文化財保護行政、埋蔵文化財行政を行政の文化化と接続させようとした革新性が重要なポイントである。

　畑と柳田の出会いは、畑が知事就任直後に各課の視察を行った時だった。柳田が畑に自己紹介すると、「あゝ君か、柳田君は、新聞でよく君のことをよく知っているよ。こん後も頑張ってくれ、わたしも応援するから」と言葉をかけられたという。その数日後に畑知事から呼び出された柳田は、埼玉の歴史や文化財、各地の開発事業に伴う埋蔵文化財保護の問題点について説明した。その際に畑から柳田は、「県政を行なう上に、郷土のことを知ることは基本的なことであり、自分も歴史とか史跡等に興味があり、好きである。今後も暇をみては現地をみたいから、よろしく頼む」との激励を受けた（柳田1987：350）。

　この柳田に投げかけられた畑の言葉は、決してその場のリップサービスではなく、実際に県政の中心的施策として文化財を活かしたまちづくりが展開されていった。埼玉県立歴史資料館、同民俗文化センター、同近代美術館、同自然史博物館、同文書館などのミュージアムの設立・改築、八幡山古墳の整備・復元、さきたま風土記の丘整備、辛亥銘鉄剣保存などの事業において、畑は柳田を重用した。

さきたま風土記の丘と稲荷山古墳出土鉄剣

1978年、行田市の埼玉古墳群を史跡公園化した「さきたま風土記の丘」内に所在する稲荷山古墳から出土した鉄剣より金錯銘が発見された。金錯銘は115文字からなり、獲加多支鹵大王(わかたけるおおきみ：雄略天皇)の存在を示すなど、日本古代史研究における重要な文字資料となっている。

さきたま風土記の丘や稲荷山古墳出土の鉄剣は、文化財保護の対象としてだけでなく、畑県政下において文化財を活かした文化行政の中心軸の一つにすえられた。

さきたま風土記の丘建設

行田市埼玉地区に所在する埼玉古墳群は、二子山古墳、稲荷山古墳、丸墓山古墳等といった大型の前方後円墳や円墳が群在し、1938年に国指定史跡に指定された。古墳群は5世紀末から6世紀初頭に築造が開始され、8世紀ごろまで造られたと推定されている。1950年代後半に入ると、古墳群周辺で道路や住宅地の建設、工場の進出が相次ぎ、古墳群と田園が織りなす景観が失われる危険性が浮上した。

1964年、文化財保護委員会(のちの文化庁)事務局の柳川覚治記念物課長が埼玉古墳群を視察し、その案内を柳田が担当した。視察の際に柳川は、「この古墳群は規模も大きく壮観だが、このままじゃ、指定のしっぱなしという状態だ。もっと多くの人に見てもらい、楽しく見学でいるように環境を整備しないか、保存と活用をかねた公園のようなものにしたらどうだ」(柳田1990：47)と提案したという。

写真6 さきたま風土記の丘

　埼玉県では教育委員会だけでなく、知事部局との調整を図りつつ、「さきたま風土記の丘」計画の準備を進めた。埼玉県では1967年に国民体育大会開催を予定し、財政面で新規事業を控えていたものの、整備を進めることで栗原知事により最終決定がなされた。ほぼ同時期に宮崎県では知事が観光事業の一環として風土記の丘建設を積極的に進め、結果的に最初の風土記の丘建設事業に決定したのは宮崎県の西都原古墳群（西都原風土記の丘）であった。柳田はこの決定に対して、文化庁記念物課に押しかけ、「決定を覆すためには梃子でも動かないと言って、当時の関係者を困惑させた」（関2012：140）という。柳田をはじめとする埼玉県関係者の働きかけもあって、埼玉古墳群については用地買収の

み1966年度から先行して認められた。翌年度には風土記の丘建設事業の第2号として国庫補助事業として採択され、整備が進められていった。

　風土記の丘建設事業は、古墳単体のような点としての保存ではなく、古墳群とそれを取り巻く周辺地区を保存するという面としての保存を主眼とし、1966年の「古都における歴史的風土の保存に関する特別措置法」(古都保存法) と共通性を持っていた。これらの一定エリアの用地買収による面的な遺跡地の保存は、対開発政策としての側面と同時に、文化財の活用という側面を持ち合わせていた。それは文化財の凍結的保存重視から脱却し、観光振興のような、新たなまちづくりとして歴史的環境を組み入れようとする意図を内包していた。

　埼玉古墳群は、その周辺に立地する国営武蔵丘陵森林公園 (滑川町)、吉見百穴や黒岩横穴墓群、八丁湖、物見山を含む比企丘陵自然公園 (東松山市・1954年県立自然公園指定) と合わせて観光資源としての開発が期待されていた。さきたま風土記の丘も西都原風土記の丘と同様、文化財の活用＝公開の場として整備されていった。

115文字の金錯銘鉄剣

　埼玉古墳群をさきたま風土記の丘として整備する中で、1968年にすでに土取りによって前方部が破壊されていた稲荷山古墳の発掘調査が実施された。この発掘調査により石室から鉄剣が発見された。この鉄剣は、1969年にさきたま風土記の丘事業の一環として設置された「さきたま資料館」に展示された。その後10

年間にわたって展示されていたが、錆が浮き、劣化が激しくなったことから保存処理を実施することとなった。この保存処理の過程でこの鉄剣に115文字が刻まれていることが判明した[73]。115文字の発見により、鉄剣が埋蔵文化財としての価値を有するだけでなく、文字資料としての価値を有することが明らかとなった。

115文字が発見された直後、鉄剣銘が「たいへんな発見だとピンと来た」畑は、「県教育局だけでは対応できない」とみるや、自身を会長とし、学識者や関係部局長からなる「埼玉古墳群、同出土品対策協議会」を発足させ、「柳田敏司県史編纂室長に、その対策」を指示した（上之郷1988）。畑がこの鉄剣の保存に極めて積極的であった理由は、彼自身がこの鉄剣に刻まれた115文字の先に郷土愛を感じていたことにあった。

1979年の年頭のあいさつで畑は、次のように述べた。

> 私は県政を担当以来6年半、憲法を暮らしに生かすことを基本理念として、人間尊重、福祉優先の県政を積極的に推進し、すべての県民が良きふるさととして心から愛することのできる、緑と清流にあふれた住みよい埼玉の実現に努力してまいりました。
> たまたま、先般、行田市・稲荷山古墳で発掘された鉄剣から我が国古代史の謎を解く金石文が発見されましたが、埼玉で生まれ、埼玉に育った私は、この世紀の快事を知って郷土のへの愛着がさらに一層深まる思いであります。
> 今後とも、この限りない郷土愛を心の支えとして、県勢進展のため誠心誠意尽くす所存であります。（埼玉県1979：1）

写真7 稲荷山古墳見学者の急増（埼玉県立さきたま史跡の博物館蔵）

　畑が鉄剣に刻まれた文字の発見に「郷土愛」を見たのは、「埼玉には歴史的に大した文化はなかったというような意識が一般にはあるが、この鉄剣の発見によって、それが一変してしまった」（畑 1990：185-186）ような衝撃によるものであった。そして、畑は、この鉄剣の存在が広く埼玉県民にとっても誇りとなりうると捉えた。教育行政における文化財保護行政としてのみこの鉄剣の存在を扱うのではなく、鉄剣の話題を埼玉県民の郷土意識醸成に用いようとしたのである。

　鉄剣の歴史的・文化的価値を内外に示し、埼玉県民の郷土意識醸成を図る上で重要な意味を持ったのが、昭和天皇の来県だった。

県立さきたま資料館を訪れた昭和天皇は、鉄剣見学の際にテレビカメラのライトや多くの報道陣によるフラッシュがたかれると、ライトを制するように右手を挙げて、「見えないじゃないか。やめてくれ」と発言したという。[74] 15分の予定時間を7分超過した昭和天皇の鉄剣見学の様子を伝えたメディアにより、古墳文化イメージを埼玉県に結びつけることに成功した。昭和天皇による埼玉県訪問の最大の目的は滑川町の国営武蔵丘陵森林公園見学であったが、埼玉県の文化行政にとっては、昭和天皇と鉄剣が同じ写真フレームに収まることが大きな意味を持っていた。

　他方で、この鉄剣の活用には所有権の問題が立ちはだかった。畑は県知事であると同時に「法律家であるとの立場」から文化財保護法や遺失物法を検証したところ、これらの法律は「中央集権色の強い、現今の地方分権の情勢にそぐわない古い観念に基づいた」ものであることが判明したという。

　鉄剣はその資料的価値から国宝として指定される公算が高く、埼玉県が所有権を持つことは法制度上困難であった。だが、畑にしてみれば、「これでは、せっかく埼玉の顔となるべきものが、埼玉の所有にはならなくなってしまう。元来、県が所有していた古墳群から出土したものなのだから、これでは非常に寂しい」のであり、「なんとか埼玉でこの鉄剣を所有できないものか」と国との調整を図ろうと考えた（畑 1990：183）。

　これに対して柳田は、「畑さんは、文化や歴史への熱意がけた外れで、当初から鉄剣の重要性も十分認識していた。そのせいか、「わしは所有権を争うよ」と国と対決姿勢を見せていた。だが、どう考えても「所有権は国、保存権は県」という線が限度。そこ

写真8 辛亥銘鉄剣（埼玉県立さきたま史跡の博物館蔵）

で私は「国にもメンツがあります。所有権の話は当分しないで下さい」と進言し、納得して」もらったという（毎日新聞浦和支局編 1996：60）。

畑はこの「保存権」を死守するために、鉄剣の適切な保存処理方法の検討、専用展示室を設置するための資料館の整備、報告書の作成を進め、埼玉県内における保存の既成事実をつくっていった。[75] 1980年11月には、樹脂保存処理を完了した鉄剣が資料館に展示され、一般公開された。同年12月に田中竜男文部大臣、佐野文一郎文化庁長官の一行がさきたま風土記の丘等を視察した際に、「所有は国、保存管理は県」という結論に落ち着いた。畑はこの結論に満足し、「鉄剣は県民にとって、かけがえのない宝

物であり、地元で保存、管理することが、最良の措置であるという、私の信念が実現したのであり、喜びに堪えない」と感想を述べた（畑 1982：285）。

その後も漫画家の和田義三との対談の中で、畑は稲荷山出土の鉄剣について、次のように語った。

> 和田　よく「埼玉は東京の寝床」といわれ、県を愛する気持ち、郷土愛がないといわれるでしょ。そういう私は、30年も住んでいると、最近、非常に愛着がでてきました。
> 知事　30年たつと、ここでは立派なものですよ。まだどんどん新しい人が流入してきていますから、その人たちに比べましたらね。でも埼玉で生まれた子供は、第一の故郷になるんですし、親たちも埼玉を見つめようという気持ちが出てきました。特に昨年秋、稲荷山古墳から鉄剣の銘文が発見されたということで、県民の郷土への関心が高くなりましたね。（畑 1979：238）

埼玉県民でありながら、東京への強い憧れを抱く「埼玉都民」の意識を埼玉県に振り向けることが、畑県政下の文化行政にとって大きなテーマとなっていた。このテーマに対して、115文字が刻まれた鉄剣は、新たな埼玉県民の郷土意識を高める象徴的役割を担っていった。文化行政モデル市町村推進事業において、文化行政を実践する市町村においても、稲荷山の鉄剣やさきたま風土記の丘は、郷土愛醸成に活用されることが議論された。

1978年度の埼玉県文化行政モデル市町村推進事業の一環とし

て、「行田市文化行政研究会」が立ち上げられた。この研究会立ち上げは、稲荷山古墳出土の鉄剣に刻まれた115文字が発見された時期と重なり、議論もこの鉄剣の話題に及んだ。

> 最近における稲荷山古墳の鉄剣文字の発見は全国的な注目を浴び、市民の間にも郷土史に関する異常な高まりが見られる。しかし従来ともすると行田市民全体の風潮として、空間への経済的発展に関心がしぼられ、時間の推移の中に生起した歴史的なものへの文化的関心は必ずしも十分でなかった。あったとしても、それは個々の文化財についての好事家的関心にとどまり、運命共同体としての郷土の歴史を体系的に理解しようとする動きが少なかった。これでは、郷土に対する真の帰属感は生まれてこない。折角めぐまれた文化遺産を、きれぎれに取り出した断片としてでなく、自分たちの住む国家や郷土の歴史全体のなかに脈絡をもって位置づけて理解し、そこにおける自分との関りを見出して、はじめて連帯感や帰属感が生まれ、住民相互の統合が可能となると思われる。（行田市文化行政研究会 1979：28）

県文化行政における鉄剣による郷土意識の向上という政策の理念は、基礎自治体において具現化する中で、鉄剣は「連帯感」や「帰属意識」を生み出すものであり、地域コミュニティを育むものとして期待された。115文字が発見された直後で、広く社会の中で注目されていたことから、二次にわたるこの研究会で、鉄剣や古墳群に係る環境整備を如何に進めていくかが話題の中心に

なっていた。

　こうした議論の様相とは異なる立場を表明したのが、第二次行田市文化行政研究会に参加した歌人で獣医師の男性だった。鉄剣に刻まれた文字の発見以後、「1日 2,500 名を超す」人々が稲荷山古墳に殺到した。大勢の見物客の到来によって、古墳は踏みつけられて、「緑に覆われた頂上は草さえ生えず完全に禿山に変わった」。稲荷山古墳は、「王の墳墓」であることから、母親から踏みつけてはいけないと子供のころから論されてきた男性は、この現状に疑問を投げかけた。さらに、「礫槨が発かれて見世物として曝されている。之を発掘といい、考古学という美名によって当然化されている」と指摘し、科学や学問の名の下での稲荷山古墳の「見世物」化に対して、「何という心の荒びであろうか、科学は人間を月に運ぶ事には成功したが心の荒涼は太古にも劣るものがある」と非難した（行田市文化行政研究会 1980：72）。

　鉄剣に刻まれた 115 文字の発見を契機として埼玉のイメージを向上させ、新たな埼玉県民の郷土意識を高める役割が期待された。実際に多くの人々が古墳見学に訪れることで、文化行政の成果が内外に示された。

　その成功の陰で文化財の「活用」がもたらす弊害について、疑義を持つ声が存在した。しかし声なき声は、文化行政の具現化を称賛する大多数の声にかき消されていた。文化財を活かしたまちづくりという開発政策は、少数派の疑義を覆い隠すことに成功した。ここでの「活用」とは「開発」を意味した。歴史に根差した地域イメージの醸成は、古墳を踏み荒らし、見世物化した事実を隠蔽し、古墳時代の豊かさを現代社会に取り戻そうとする「開

発」の手段として文化財の「活用」が図られたのである。

新編埼玉県史編纂事業

畑は二期目の知事選に立候補した際に、"新しい視点"に基づく「県史編さん事業」を公約に掲げた。埼玉県史は1928年に当時の宮脇梅吉県知事の主唱によって企画され、太平洋戦争を挟みつつ、全7巻が刊行されていた。最初の県史刊行から30年の月日を経て、県史のリニューアルが必要となっていた。

文化行政としての県史編纂事業は、1976年9月の機構改革によって総務部内に県民文化課が設置され、埼玉会館や武道館の連絡事務とともに、県史の編纂事務を所掌することになったことに始まる。翌月には県史編纂のための調査費を予算化し、調査が開始された。埼玉県立博物館副館長であった柳田は、県史編纂事業の準備委員会からかかわり、1978年に「埼玉県史編さん室長」に抜擢された。立ち上げ当初の県史編纂事業は県庁内においてもその存在はあまり知られていなかった。自治体史の中でも特に資料編は研究者や公的機関などが主な購入者であり、県史編纂事業の内容を広く県民に活用してもらう方策が必要となっていた。

多くの自治体史編纂事業は、地方自治体の地誌として教育委員会が主導的にまとめる。それは、文化財保護部局が社会教育行政と密接な関係に置かれてきたことと不可分の関係にある。これに対して、畑県政下の県史編纂事業の新しさは、教育委員会専管ではなく、知事直属の部局である県民文化課が主に担当し、教育委員会と連携を図りながら事業を進めていった点にあった。

実際に、畑自身が埼玉県議会の席上において、「県史及び市町

村史の編さん事業が行政の文化化と大きなかかわりを持っていることは御案内のとおり」と答弁したように、県史編纂事業は行政の文化化を事業化したものであり、地域文化をまちづくりに活かそうとする文化行政の一翼を担うことが期待されていた。編纂事業の過程において収集された資料は、博物館等の文化施設の整備によって展示・公開するとともに、「調査を契機として、古い街道を修復し県民の散歩道としたり、並木の保存、古い神社やお寺の森、建物、宝物等の保護と活用、あるいは村祭りの復興など地域文化の振興」に役立つものとして、畑は期待していた。[76]

『二・二六事件と郷土兵』

柳田は畑の県内視察に随行した際に、「自分は二・二六事件のとき、動員され、重機関銃をかついで桜田門外で、警視庁の玄関をねらっていた一兵士であったこと。当時の兵士の多くは第一師団の歩一、歩三の兵士で、県内出身者が多かったのではないか」との話を聞かされた（柳田1987）。

二・二六事件は、1936年2月26日に一部青年将校たちの指導のもと、1,500余名の在京部隊が尊皇討奸を掲げて蹶起軍を立ち上げ、首相官邸や陸軍省、警視庁などを襲撃し、占拠した事件である。二・二六事件の蹶起軍として動員された下士官や兵の過半数が、埼玉県から入隊した者だった。蹶起軍の一兵士として参加した一人が畑だった。

この逸話をヒントに、柳田は二・二六事件に関わった県内出身の当時の兵士からの証言をまとめ、県史刊行計画外の別冊としてまとめることを畑に提案した。畑はこの提案を快諾し、畑の司会

で事件参加兵士から証言を聴く会が設けられ、「当日は予定時間をはるかにオーバーし、熱心に体験を」語り合った。この関係者による証言録は、1981年に『二・二六事件と郷土兵』として刊行された。『二・二六事件と郷土兵』は、20日間で自治体史としては異例の1万2,000部が売れた。発刊は参加した当事者の反応が特に大きく、「一つは40数年にわたる精神的な苦痛から解放され、肩の荷をおろせた」、「今まで内に秘めていたが、この際、覚えていることを全部話しておきたい」といった声が県に寄せられ、これを受けて続編として『雪未だ降りやまず：続二・二六事件と郷土兵』が刊行されるに至った（県史編さん室編1982：22）。

書籍刊行が実現した背景には、事件の関係者の一人としての畑の強い思い入れがあった。

> この事件のあと、反乱軍の汚名を着せられた兵士たちは、「事件のことは絶対口外してはならん」と厳重なかん口令をしかれて、やがて満州へ送られていき、過酷な激務を強いられながらも、一生、汚名が消えることなく、大陸の荒野に露と消えていった若い兵士も少なくなかったのであります。(中略)
> 私が、この「二・二六事件と郷土兵」の出版を思い立ちましたのは、そうした郷土出身の兵士が歩まされたくらい苦悩の道を思うとき、二度と再び、このような灰色の時代を招いてはならないと、痛切に感じたからであり、事件に参加した兵士たちのありのままの体験を記録として残したかったからであります。(畑1982：53)

書籍刊行後も証言者を中心に「黎和会」と呼ばれる組織が結成され、年1回総会がもたれ、畑も名誉会長として参加した。
　これら2冊の刊行は、これまでの自治体史が歴史家などの専門家によって、過去の事象や事実を記録として残す意味合いが強かったのに対して、二・二六事件に関わった埼玉県出身者など当事者の証言によって事件の詳細が掘り起こされ、刊行後も新たな関係者コミュニティを育んだという点に特徴があった。これらの書籍は、自治体史が新たな地域文化を生み出す可能性を示した。

荒川総合調査

　埼玉県における文化行政としての県史編纂事業としてもう一つ特筆される事業は、荒川総合調査である。荒川総合調査は、「「埼玉の母なる川」荒川について、地形学、地質学、水文学、植物学、動物学、歴史学、地理学、民俗学、河川工学といった、自然科学・人文科学の両面から総合的に調査し、県民生活に及ぼした影響について明らかにして、県民文化の向上と県政進展の方針に資する」ことを目的として、県民部県史編さん室が実施主体となって、調査が実施され、4冊の報告書に成果がまとめられた。
　荒川総合調査の契機は、調査に民俗学担当としても参加した長井五郎が、県広報課長であった1973・74年頃に荒川や埼玉県に県民が親しむための映画「荒川」を製作しようと考えたことに始まる。しかし、荒川の水利用や舟運、民俗など断片的な情報のみで、本格的な調査が実施されていないことが明らかになった。生活用水だけでなく、農業用水や工業用水などとして、県民の生活にとって深いかかわりのある荒川の実態を明らかにすることは、

埼玉県の自然環境や人文環境の把握につながると長井は考えた。その後、県教育長となった長井は、県内小中高校生と教員の協力を得て、長期にわたる調査を計画した。特に児童・生徒の参加は、実際の調査に携わることで、荒川や埼玉県に愛着を持ってほしいという長井の意図に基づいていた。

1981年、長井は予算要求に当たってこの計画を説明したところ、財政当局だけでなく、畑自身がこの事業計画に積極的な姿勢を示した。畑は、「知事部局には河川管理の専門セクションもあるよ、あるいは生活用水、農業用水、工業用水など、それぞれ担当部局もあることだから、この調査は教育局だけでなく、全県庁をあげて取組むようにしていきたいと思うが、長井君どうだね」と従来の教育行政の枠組みにとらわれない、県行政全体での事業推進を提案した。

これに対して長井は、事業推進に当たって提案を付け加えた。「100万を超える子供たちとその先生方や、生物や地理、地質や文学などを研究している教職員や学芸員を協力させてもらいたい」との長井の申し出に対して、畑はこれに賛意を示したという（埼玉県1988）。

事業を所掌する中心は県史編さん室となり、当時県史編さん室長であった柳田は、畑から呼び出されて、「荒川の総合調査をやるんだが、君の方でやってみないか」（埼玉県1988）との打診を受けた。荒川総合調査を担当する組織として、専任の職員が4～5名配置され、事業期間5年間に対して、1億3,000万円の調査費が投入された大型の事業であった。教育局においても本事業をサポートする組織が設置され、調査項目のうち8項目（荒川の口頭

伝承、荒川の文芸、荒川の遊び、荒川にまつわる地名、荒川の人物誌、荒川の記念碑、荒川本流河川敷の植物、荒川の文化財）を担当した。教育行政において荒川総合調査を分担したのは、「荒川に代表される郷土埼玉への理解を深める、そして教材を得るという教育的目的」にあった。

1983・84年度に県教育局は、この目的に沿って荒川本流域に該当する地域の小中学校1,115校に依頼して、小学校5年生と中学校2年生にアンケート調査を実施し、23万件の回答を得た。それを基に社会科研究会と国語研究会の教員が中心となって調査結果の集計・分析を実施した。また、高等学校においては生物研究会の教員を中心に河川敷の植物調査を実施し、これらの調査・分析結果を踏まえて8項目が執筆された。

調査・研究成果を総括する意味で、1987年6月17日に浦和市別所沼会館で座談会「県民生活と荒川」が開催された。座談会参加者は、地理学や動物学、環境社会学、民俗学、歴史学などの専門性を持つ18名で構成された。

座談会の最後に長井は、調査成果を活かす方法の一つとして、「荒川総合博物館」の建設を提案した。博物館建設によってさらに継続的な調査と研究、荒川に対する理解と愛情を深めてもらうという長井の狙いがここに込められていた。参加者の一人もまた長井の発言に同調するように博物館設置の意義を訴え、「従来の博物館の範疇にない荒川流域を中心とした埼玉県の1/1000くらいの模型を野外につくって実際に水を流して地形のでき方を学習したり、水車をまわしたり、生き物を棲まわせて、自然的特性、人文的な特性を体得してもらう。そういう広い敷地をもった博物

写真9 さいたま川の博物館

館をつくってもらいたい」という具体的な構想を提案した（埼玉県 1988：734-736）。

この荒川を総合的に調査・研究・展示する博物館の提案は、1997年8月に開館した「さいたま川の博物館」として結実した。開館以来、さいたま川の博物館は、荒川総合調査の成果をベースに、荒川を中心とした川に関する資料の収集や保管、調査研究、展示・教育普及活動を行ってきた。直径23メートルの巨大水車や荒川本流沿いの地形を1000分の1に縮小した模型、二つの河川の合流を滑らかにする「背割り堤」、木材運搬のために一気に放水する「鉄砲堰」など、体験型の展示が特徴である。このアイディアこそ、座談会で語られていた内容に基づいたものだった。

荒川総合調査は、①知事部局である県民文化課を中心とした庁

内組織横断的な事業として推進し、②従来自治体史を担当してきた教育行政とも密接に連携を図りながら、県民参加を実現するとともに、③調査成果を報告書による公開だけでなく、ミュージアム活動によって誰もが楽しみながら学ぶことを可能にした。二・二六事件と同様に、行政の文化化を具現化した事業の一つして、荒川総合調査は成功を収めた。

そもそも荒川は、利根川とならんで洪水対策や水資源、電力の確保といった課題をはらんできた。1947年から荒川における電源開発のための調査が開始され、1950年には荒川開発推進委員会が発足して総合的見地から電源開発の検討が重ねられた。1953年に荒川の開発事業は、全国総合開発計画のモデルケースとして着手が決定され、1955年に正式に事業化が決定した（埼玉県1991：757）。このように荒川は治水対策や電力確保といった開発の対象となってきた。その後、行政の文化化の旗印の下で、荒川は埼玉県の自然環境や埼玉県民の生活を構成する重要な文化的要素として再び「開発」の対象となった。

後述するように、2004年に博物館再編計画の中で、埼玉県はさいたま川の博物館と自然史博物館を統合し、「自然と川の博物館」とした。資料の収集や保管、調査研究などの基幹的業務を中心的に担う自然史博物館に対して、さいたま川の博物館は、展示や体験活動などの集客性の高い業務を中心に担当する館という位置づけとなった。さらに、2008年には指定管理者制度が導入され、さらなるサービスの向上と効率的な運営が求められるようになった。荒川をテーマに、県民の目を地域に向けさせようとした一連の事業は、新たな自治体史編纂事業とそれに伴うミュージア

ム運営の在り方を提示する試みではあったものの、2000年代以降にその意味が問い直されることとなった。

第7項　県民文化の醸成

　文化財を行政の文化化の中でまちづくりに活かそうという試みは、稲荷山古墳出土の金錯銘鉄剣や新編埼玉県史編纂事業だけではなかった。たとえば、嵐山町に所在する菅谷館跡とその敷地内に設置された埼玉県立歴史資料館を挙げることができる。菅谷館跡は、畠山重忠の居城として地域の人々の保存運動が展開されてきた。1930年には、儒学者小柳通義が地元有志の協力を得て、コンクリート製の重忠像を館跡内に建立した。1968年から地元住民を中心とした菅谷館跡の保存運動が開始され、1971年に菅谷館跡整備委員会が立ち上げられた。1972年には県の支援を受けて整備委員会が、文化庁に国指定に向けた陳情書を提出し、1973年に菅谷館跡は国の指定史跡となった。嵐山町長の関根茂章が、菅谷館跡の国指定に関して、「県の柳田課長の積極的態度、その強力な指導と、文化庁への熱心な働きかけ」が功を奏したと指摘したように、柳田が本件について大きな役割を果たしたことがうかがえる。その後、1976年には、菅谷館跡内に県立歴史資料館が開館した。

　畠山重忠という鎌倉武士の居館である菅谷館跡が国指定史跡として指定されたばかりの時期に県知事に初当選を果たした畑は、菅谷館跡の活用にも積極的な姿勢を示した。初当選後に畑は、「最近は、県政でも文化的視野で考えなくてはいけない」と思案し、改めて地域の歴史や地理を勉強するようになった。その中で、

写真 10 畠山重忠像

写真 11 埼玉県立歴史資料館(現埼玉県立嵐山史跡の博物館)

鎌倉幕府を開くにあたって一番功績があった武蔵武士のうち最も活躍したのが畠山重忠であったことを知り、「これは県民に知らせる必要があり、最も正確に評価してもらわなければならない」と畑は考えた。畑は重忠ゆかりの史跡を歩いて写真に収め、鎌倉まで出向いた。そのうえで、1977年には重忠の業績をたたえる歌として「重忠節」を作曲するに至った。その目的は、「県民の郷土への関心を高め」ることにあったという[79]。この畠山重忠に関する史跡や事績を郷土愛醸成に活用するほか、1979年1月には、文化活動に携わる個人や団体を顕彰する「文化ともしび賞」を創設した。また、誰もが気軽に美術に親しむ場として「県民ミニギャラリー」を設置していった（畑1990：181）。

　畑県政下における初期の文化行政は、それまでの凍結的な保存を中心とする文化財保護から脱却し、文化的な資源を用いて、県民の意識を地域に根付かせることが主目的となってきた。言い換えれば、人口流入の著しい埼玉県において、地域文化によって県民意識の統合を図り、「想像の共同体」形成を目指したのが初期文化行政の役割だった（Anderson1983〔アンダーソン1997〕）。「自治と連帯」という県政運営の理念は、「想像の共同体」づくりのためのスローガンとして機能した。この状況は埼玉県特有のものではなく、大都市周辺の千葉県や神奈川県などの地域とも共通していた。出身地などの異なる背景を持ち、職場を都市部に置く人々にとって、大都市周辺部のベッドタウンは文字通り寝に帰る街でしかなく、生活圏として積極的に関わる場所ではなかった。こうした人々に第二の故郷として居住地に関心を持ってもらい、地域の担い手になってもらうことが、地方政治にとって喫緊の課

題だった。

　文化行政における地域史の活用はそれまでの凍結型の文化財の保存政策ではなく、新しい伝統を築くことを意味していた。国家的なイデオロギーの正統性を主張する道具として「伝統」が用いられてきた過去の事例（Hobsbawm et al. eds. 1983〔ホブズボウムほか編 1992〕）を振り返って、初期の埼玉県における文化行政の施策を歴史の捏造と批判することは容易い。しかし、文字通り地域の歴史や文化の発掘、再発見を通じて新旧県民を統合し、新たな地域文化の醸成を目指す取り組みが住民本位の地域づくりを促した点を考えれば、理念が先行しがちな文化行政の一つの姿を提示したといえるだろう。

　埼玉県の文化行政は、地域固有の歴史や文化に基づいたまちづくりを志向する中で、文化の創造や享受を目指す「場」が同時に求められた。その「場」こそが、博物館や図書館といった文化施設だった。公立文化施設建設は、埼玉県に限らず、1980・90年代を中心に全国各地で雨後の筍のように展開された。その背景の一つに郷土意識の醸成や住民意識の統合といった人口急増地域ならではの課題が隠れていた。やがて「場」づくり自体が地方政治の重要課題となり、東京への憧れと重なり合って、東京並みの文化環境整備へと突き進んでいった。本格的な文化開発の到来だった。

第5節　地域レベルにおける文化行政

第1項　埼玉県主導の文化行政から市町村文化行政へ：文化行政モデル事業

　1977年に埼玉県文化行政懇談会がまとめた『ゆたかな県民生活と文化行政の展開：埼玉県文化行政懇談会の提言』の「文化行政モデル地区の設定」に沿って、1978年に行田市および狭山市が、翌年度には白岡町（現白岡市）および嵐山町がモデル地区に指定された（埼玉県文化行政懇談会 1977：23）。1980年には横瀬村（現横瀬町）が、文化行政のモデル地区の指定を受けた。

　モデル地区が設定される段階において、第三次埼玉県文化行政懇談会の議論では、「市町村単位のミクロの文化行政にうんと比重をかけたほうがいいのではないか」、「県知事がどうかわろうと市町村がしっかりしていれば、守れるものがある」などの指摘が委員からあった（第3次埼玉県文化行政懇談会 1980：17, 27）。埼玉県が文化行政のモデルに市町村を選んだ理由は、基礎自治体としての住民生活との近さにあった。人々が醸し出す地域文化を振興するためには、その生活実態に寄り添った文化行政の存在が不可欠であり、県行政から市町村行政への移行が最終的かつ最大の課題であった。

　基礎自治体による文化行政を推進する上では、「市町村をまず先端に押し立てて、文化行政を進めるということになると、やっぱり市町村の啓もう、とくに市町村の職員、それから住民意識っていうものをみがいていかなきゃいけない」（第3次埼玉県文化行政懇談会 1980）ように、文化行政に対応した自治体職員の養成や

文化行政に対する共通認識を育む必要があった。

　では、モデルとなった市町村では文化行政はどのように推進され、今日の文化政策にいかなる影響を与えたのか。

第2項　歴史性を活かす：行田市・嵐山町

行田市

　文化行政モデル市町村に指定された行田市では、行田市文化行政研究会を立ち上げ、1979年に『文化性豊かな地域づくりにむけて：行田市文化行政研究会の検討と提言』をまとめた。研究会立ち上げは、稲荷山古墳出土の鉄剣から115文字の金錯銘が発見された直後であったことから、古墳時代を中心とする歴史性を意識したまちづくりが議論の中心となった。

　研究会が歴史性に着目したのは、単に鉄剣の話題性だけでなく、高度成長期以後の社会変化と深く関わっていた。「首都圏内の各都市住民が急速に平均化・均質化され、地方的特性を失ってゆく」中にあって、「これら住民をどのようにして統合してゆくか」が文化行政の課題であった。そのためには、「国家」や「郷土」への帰属意識を醸成し、連帯感を育む必要性を研究会は提案した（行田市文化行政研究会 1979：27-28）。この認識の方向性は、畑が鉄剣を郷土意識向上に活用しようとした意図と重なり合っていた。

　当時行田市長であった中川直木は、人口急増地域である行田市の実情を踏まえて、「同じ住民でありながら旧とか新とか区別するのは妥当でないと考える。よく旧来からの伝統、風俗、習慣、行事などをめぐってトラブルを起こし「よそ者」「古い習慣」な

どと言い合っているのを見受けるが、視野の狭い郷土意識に固まったり、逆にその土地の良さを理解する努力を怠っては、まちづくりは進まない」とし、連帯感や協力が地域コミュニティ形成に不可欠であると主張した。「私達の住んでいる行田市が世界中で一番住みよい所だと胸を張って誇れる」ようにするために、「行政の文化化あるいは文化行政を推進」を目指した。

文化行政推進に向けて、行田市では埼玉県内では最初に文化行政を担当する「自治振興課」を設置し、「自治会の啓発指導、教育文化、宗教、子供広場、婦人問題、コミュニティ及びボランティア活動、新生活運動、余暇行政」を担当させるなど行政機構の改革に着手した。その結果として、行田市内ですでに結成されていた文化団体の連絡協議会発足を促すなどの成果を中川は強調した（中川 1980：230-233）。

図7は行田市および狭山市の文化団体の設立時期をまとめたものである（埼玉県県民部県民文化課 1979：37）。これによると、行田市では戦前・戦中の段階から存続する文化団体があり、1966年以降、飛躍的に文化団体数は増大した。この傾向は狭山市でも同様であった。60年代半ば以降の文化団体数の増大に対して、行田市による「自治振興課」の設立は、行田市の文化行政推進が鉄剣銘発見という突発的かつ外部的要因にのみ依拠していたわけではなく、連綿と続く市民文化活動の興隆を踏まえての施策だった。

嵐山町

行田市と同様、モデル市町村に指定された嵐山町においても「嵐山町文化行政懇談会」が開かれた。同懇談会は、1979年9月

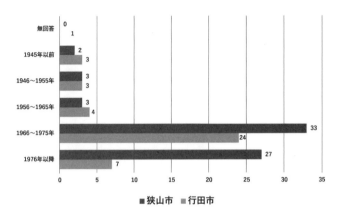

図7 行田市および狭山市文化団体の設立時期

から1980年2月にかけて、7回にわたって開催された。ここでの討論のテーマは、嵐山町の独自性であった。具体的には①美しい自然、②ゆかしい歴史、③近代的な公共施設の3つであった。嵐山町における文化行政の特徴は、「中世」を中心とする独自の歴史性を活かすことにあった。すでに述べたように、1930年代から畠山重忠公の顕彰、菅谷館跡の保存運動が繰り広げられ、1970年代に菅谷館跡の国指定史跡、菅谷館跡内の県立歴史資料館設立が実現するなど、町独自の文化行政を展開する環境がすでに整っていた。これに加えて、町の日の制定や姉妹都市の提携、文化史編纂、ボランティア活動の推進などを盛り込んだ「里づくり文化構想」がまとめられ、知事に提出された。嵐山町においても地域を特徴づける歴史性に基づいた文化行政の展開が求められていたが、モデル市町村に指定されてから人々の文化活動が活発

化したのではなく、それ以前から連綿と文化活動が積み重ねられていた。

これら歴史性を活かした文化行政が求められた自治体では、その後どのような歩みを重ねたのか。嵐山町では、「里づくり文化構想」の中で議論された事案のうち、具現化したものとして「嵐山まつり」が1982年より開催され、現在でも継続されている。「里づくりボランティア活動」としては、地域コミュニティ推進協議会の設立、ボランティアセンターの開設（現在休眠中）へとつながった。また、町史編纂事業として「嵐山博物誌」が刊行され、その後も「嵐山 WEB 博物誌」へと引き継がれており、写真を多用し、誰もが手軽にアクセスできる自治体史の編纂を実現している。また、福祉施策として健康増進センターの設置や健康づくりのための諸施策、蝶の里嵐山町立図書館などの文化施設整備へと「里づくり構想」は具現化していった。[80]

これらの文化行政として位置づけられた施策は、モデル市町村に指定される以前からその基礎となる施策が存在していたものや、「嵐山町文化行政懇談会」の提言を受けて事業が開始されたものの、国や県の補助金メニューに合わせてリニューアルが施されてきたものが含まれる。特に注目したいのは、かつてインフラ整備費の補助金が中心であったものが、ソフト事業への補助金メニューが増えるにしたがって、それに見合った文化行政を用意する必要に基礎自治体が迫られているという現実である。当該自治体の裁量によって進めることが可能な自治事務としての文化行政が、結果的に補助金を通じた国や県の政策理念に沿ったものに換骨奪胎されている。

第3項 「文化不毛地帯」に文化を育む白岡町（現白岡市）と音楽祭のまち横瀬村（現横瀬町）

　1979年に嵐山町と同年度にモデル市町村として指定を受けた白岡町（現白岡市）でも、「白岡町文化行政研究会」が組織された。20名で構成された研究会での議論は、1980年に『かくて未来へ!!（文化行政モデル町白岡町報告書）』としてまとめられた。

　白岡町における文化行政に対する議論の特徴は、歴史的価値のある史跡やランドマークとなる公共施設がない「文化的空白地帯」という住民の自己認識から議論がスタートしたことにあった。「文化的空白地帯」という認識誕生の背景には、人口急増地域としての社会変化が存在した。東京から40km圏内に位置する白岡町では、高度成長期以後、東北本線の電化や東北自動車道の整備など大量輸送インフラの整備に伴って、ベッドタウンとして人口が急増した。

　1960年段階で第二次産業の21.8％、第三次産業の27.3％に対して、第一次産業の人口割合は約2倍の50.9％を占めていた。ところが1975年には、第一次産業は18％で、第二次産業の34％、第三次産業の48％に比べると、約半分以下に減少した。白岡町は60年代から70年代にかけて、急速に農村地帯から第二次・第三次産業を主力とする地域へと変貌したのである（白岡町文化行政研究会 1980：15）。

　人口急増とそれに伴う産業人口構成の変化は、白岡町の都市化を促した。道路建設や駅、公園、下水道、学校の整備が急務となった。さらに、公民館やテニス場や野球場などのスポーツ施設といった文化施設の整備が並行して行われた。こうした急激な都

写真 12 白岡駅自由通路の展示施設

市化が求められる中で、埼玉県による文化行政のかけ声に対して、白岡町の人々の深い理解が必ずしも追い付いていなかった。

それゆえに、白岡町文化行政研究会の第一回会合では、「暗中模索的で確たるものが出ず、文化論の議論の域から一歩も」進まなかった。「県の文化課長さん等からのアドバイス」によってようやく議論は動き出し、「他市町村にない、白岡町独自の香り高い潤いのある文化都市にしていくには、「行政の文化化」を図るべきではないか」との意見が多数を占めるようになっていった（白岡町文化行政研究会 1980：28）。

こうした県の"指導"によって、白岡町における文化行政の事業化に向けた議論が加速し、結果的に①駅、駅前広場、自由通路

の文化化、②文化ゾーンの設置・指定、③公共施設の建設並びにその文化化、④白岡祭り、白岡音頭（歌と踊り）、⑤呼称と姉妹都市（学校）の提携、⑥年中行事を通した住民意識の文化化などが提言された。

①の駅や駅前広場、自由通路の文化化については、1979年に町制25周年記念に合わせて白岡駅東口の開設が実現し、その自由通路上に町民ギャラリーを設置する案が提示された。町民自身の手で自由に作品を展示し、人と人との心のつながりを生み出すことが企図された町民ギャラリーは、実際に橋上駅の改札前に設置された。今日においても町民ギャラリーは、市民の作品が展示され、人々の目を楽しませている（**写真12**）。

一方、横瀬村（現横瀬町）でも1980年に文化行政モデル市町村事業の一環として、文化行政研究会が設置された。研究会での議論を経て、1981年「ゆとり」と「やすらぎ」をテーマに、「おらが村の世界の調べ」と題し、横瀬中学校講堂において第1回「ヨコゼ音楽祭」が開催された。初期のヨコゼ音楽祭は、老朽化した中学校講堂の修理にはじまり、ピアノの手配やエアコン代わりの氷柱の設置など手づくりの音楽祭として開催された。

小規模ながらも地元自治体と住民の手作りによる音楽祭の立ち上げと運営は、中山間地域に文化活動を核とした新たなコミュニティの形成を促した。過度に文化施設建設に依存することなく、音楽を通じた地域活動の活性化は住民の生活をいろどり、行政の文化化の四要素を体現したものだった。さらに重要なことはこの事業の継続性にある。一時的に中断されたものの、1990年の町民会館建設を機に第5回より再開され、現在に至っている[81]。国

内外の一流アーティストとともに、地元中学校などの演奏が組み合わされた中山間地域の音楽祭は、新たな地域文化創造の一つの形となっていった。

　だが、この状況は必ずしも文化行政を支える環境が整ったことを意味しなかった。埼玉県第三次文化行政懇談会において、國學院大學助教授の薗田稔は、「ヨコゼ音楽祭」を例にとりながら公民館行政に関して次のように語った。

> 秩父の場合なんかで申し上げますとね。我々も現にあの、合唱団活動とかですね。そういうのを育ててやっているんですけれども、社会教育課になるんですか。そこにいる人達の無気力というのを非常に感じるんですね。つまりどうなんですか、役所のなかで一種の島流しになったという意識があるんでしょうか。
>
> (第3次埼玉県文化行政懇談会 1980：53)

　この発言に続けて薗田は、文化行政としての社会教育行政が地域住民のコミュニティ活動の振興に果たす役割に期待を示したものの、そこに携わる職員のモチベーションの低さの問題を取り上げた。

　文化行政にとって「行政の文化化」という行政組織改革は必須事項だったが、実際には新たな文化活動の振興に関する体制は、基礎自治体の組織の中に育っていなかった。埼玉県という行政組織が掲げた「行政の文化化」という理念は、必ずしも住民に身近な市町村レベルでその真意が理解されないまま言葉だけが独り歩きしていった。

第4項 「新しい狭山文化への挑戦」：狭山市

 文化行政のモデル自治体として1978年に行田市とともに指定された狭山市では、**図7**に示したように、1945年以前から文化団体が存在した。行田市と同様に、狭山市は1960年代半ばから飛躍的に文化団体数が増大し、高度成長期を境に市民の文化活動が活発化した地域である。

 1960年代以降に文化活動が盛んになった背景には、狭山市近隣市町村と同様に、高度成長期における急激な人口増加があった。1940年代に2万人程度であった狭山市の人口は、1968年に5万人を突破した。1974年には狭山台団地の造成、翌年に入居が開始された。この時すでに狭山市の人口は、10万人を超えていた。1981年にはつつじ野団地の入居が開始され、増加を続ける人口に伴う住宅供給が行われていった。

 狭山市における急激な人口増加は、東京都への通勤・通学圏におけるベッドタウンとしての人口増大だけでなく、第二次・第三次産業への就業人口増大にも起因していた。たとえば、埼玉県内において1952年に和光市内で工場操業を開始した本田技研工業株式会社は、1964年に狭山工場の操業を開始した。[82]

 人口急増地域の一つであった狭山市が文化行政モデル市町村指定されたことを受けて、狭山市文化行政研究会が設立された。研究会は二次にわたって開催され、第一次は15名、第二次は22名の委員で構成された。この委員の構成は市民代表と市職員がそれぞれ半数を占め、このうち市民代表は市議会議員や商工会、ライオンズクラブ、婦人会、公民館運営審議会委員などから選出されたメンバーだった。このように、市民代表とはいえ極めて限定

された層の人々で構成されていた。

七曲り井の維持管理活動

　第一次研究会では、行政の文化化の事例として「七曲り井」の地元住民による維持管理活動について取り上げた。七曲り井は、平安時代中頃に掘られたとされ、近世まで使用されていた井戸である。起源や名称の由来、構造は不明のまま 1949 年に埼玉県指定史跡に指定された。その後、1968 年に狭山市議会で七曲り井の発掘調査が議論され、1970 年に埼玉県教育委員会の後援により、狭山市教育委員会によって発掘調査、復元された。発掘調査は 25 日間にわたり、延べ 330 人の市民が参加した一大事業だった。

　この発掘調査に参加した市民の間から行政発掘の成果としてだけでなく、「生きがいづくり」の場として位置づけ、地元の北入曽長寿会が井戸の清掃管理活動を担うこととなった。北入曽長寿会は七曲り井発掘調査の同年に設立され、1976 年より除草などの史跡の維持管理活動を開始した。1978 年 4 月に畑が七曲り井を訪問し、同年 11 月の県民の日に北入曽長寿会による七曲り井保全活動が、「シラコバト賞」を受賞した。[83]

遺跡保存運動と公民館活動の高まり

　七曲り井の保存活動が活発だった背景には、市内の遺跡保存と観光資源化への関心の高まりがあった。1969 年に奈良・平安時代の竪穴住居跡 47 軒が発見された今宿遺跡に対し、同年 5 月の第 2 回狭山市議会臨時会において保存の緊急動議が行われた。そ

写真13 七曲り井

の結果、観光資源等の活用を目的に、復元保存工事が実現した。

　遺跡の保存活動等が活発化する他方で、公民館における市民活動も盛んになっていった。狭山市内には現在でも中央公民館や堀兼公民館、狭山台公民館など、計12館が稼働しており、比較的活発な公民館活動が継続されている。

　公民館学習グループである「狭山を知る会」では、5年間で50回に及ぶ「史蹟遺跡めぐりハイキング」が実施された。さらにその成果を残すため「郷土かるた」が製作された。製作にあたっては、会の自主財源により原画や解説の作成すべてを会員が担った。

　このほか宮地遺跡や埋没林調査に参加した市民が中心となって、「水富郷土史研究会」が発足し、資料収集活動が行われたり、同

会メンバーにより戦中のB29による焼夷弾爆撃の被災状況を記録する「狭山戦災記録」がまとめられたりした。社会教育ないし生涯学習に対する活動の高まりは、やがて1991年に開館した狭山市立博物館のボランティア活動へと展開していった。

公民館活動がその後の生涯学習事業へと展開されていった事例は、歴史学習だけにとどまらない。中央公民館等で進められてきた読書活動の中から、有志によって「幼児や児童への配本サービス」を目的に自宅や集会所を拠点として「地域文庫」が開設された。さらに10カ所の「地域文庫」で構成する「地域文庫の会」が結成され、市立図書館とタイアップした事業が展開された。この活動は結果的に、市立移動図書館「さみどり号」事業の実施につながった。

一方、狭山市内各公民館でコーラスグループが立ち上げられるなど、新たな文化活動も展開している。1970年代後半時点で少年少女合唱隊や混声合唱団など7グループが活動し、これに市内各学校のコーラスや地域のコーラスグループと合わせて16団体による「市民合唱祭」が実現した。

狭山市における市民文化活動の興隆は、狭山市文化団体連合会の活動に見られるように現在でも継続されている[84]。人口急増地域の一つであった狭山市では、新旧住民が混在する中で多岐にわたる文化活動が、モデル市町村に指定される以前から活発に展開されていた。モデル市町村に指定されることで新たな文化活動が増大したというよりは、文化活動が盛んであるがゆえに文化行政が目指す地域の姿をモデル市町村として明示したと捉えるべきだろう。

第3章　国土開発への回帰

写真 14 さいたま新都心(2019 年、国土地理院ウェブサイト https://mapps.gsi.go.jp/maplibSearch.do?specificationId=113798)

人口急増地帯として暮らしの環境が激変する中で、埼玉県では「人間尊重・福祉優先」を掲げた畑革新県政が誕生した。この政策理念は、やがて行政の文化化に象徴される文化行政へと結実した。理念レベルだけでなく、事業レベルへと具現化され、住民に最も身近な基礎自治体の文化行政の展開へとつながっていった。

　ところが1980年代以降、徐々にその状況は変化し、開発主義的様相を色濃くしていった。その背景を分析するのが本章である。本章では、文化施設建設史における文化行政の影響を確認するとともに、緑の保全や大型文化イベントに焦点を絞って分析を試みる。

第1節　開発主義的様相の再前景化：1980年という境目

　1980年という年は、埼玉県にとって開発主義的な様相が再び顕在化する、分水嶺にあたる。それを象徴するのが、この年にスタートした埼玉県中枢都市圏構想である。1980年代、東京都への通勤・通学者が80万人を数える埼玉県は、文化だけでなく商業や医療などの各分野にわたって、首都圏の中でもとりわけ東京への依存度が高かった。埼玉県が東京都への過度な依存を解消するためには、中心的な都市圏の育成が必要とされた。その背景には、当時の埼玉県には、政令指定都市が存在せず、県の面積に対して市町村が乱立する状況であり、都市集積とともに首都機能移転の必要性が喧伝されていたことがある。

　ここで言う中枢都市圏の圏域とは、具体的には、与野市、大宮市、浦和市、上尾市、伊奈町を指し、1985年に計画段階から実

施段階へ移行するにあたり、構想名はこの4市1町の頭文字を取って「さいたま YOU And I プラン」(以下、YOU And I プラン)に改められた。

　YOU And I プランには、都心業務市街地の整備を含む高次都市機能の整備、新市街地の開発を含む居住環境整備などに加え、「新しい埼玉文化の創造」(石原1987)が盛り込まれた。文化活動やスポーツといった新たな文化創造のためには、さらなる環境整備が必要とされ、大宮駅西口エリアにおいて民間活力の導入により整備を目指す産業文化センター(大宮ソニックシティ)や国鉄大宮操車場跡地における埼玉コロシアムの建設、埼玉メッセの整備が計画に謳われた。

　これらの施設整備は、文化を基軸とした埼玉県南部の人口集中地区における都市再開発を象徴し、同時期の国家プロジェクトとの密接な連携のもとに成り立っていた点に特徴を持っていた。

　第一に、立地条件である。YOU And I プランの対象地は、東京を中心とした40km圏内のエリアであり、そこに埼玉県南部の4市1町が含まれる。"東京からの距離"が重要であり、東京と当該エリアを結ぶ交通網と都市機能の整備が、このプランの肝となっていた。

　第二に、すでにこの時期に産業文化センター(大宮ソニックシティ)整備で導入実績のある民間活力の導入・活用が、特徴的な施設整備方式として検討されていた。

　言うまでもなく、これら二つの条件は、四全総や中曾根政権の政策的方向性と連動し、東京を中心とする都市開発の一翼を担うために必須のものだった。言い換えれば、東京に隣接する地域の

東京化であり、「たくましい国家」実現のための条件だった。

1980年には、県立久喜図書館、県立民俗文化センター、県立自然史博物館、県立本庄文化会館が開館し、県土に文化施設を均等に配置する整備事業がひと段落する。同年に畑は、縦割り行政を廃し、地方自治体独自のまちづくりを進める環境整序権の確立を謳い、第三次埼玉県文化行政懇談会では、これまでの埼玉県主導の文化行政から住民生活に身近な市町村における文化行政への転換が叫ばれた。

畑県政初期の文化行政が大きな曲がり角を迎える中で、国政とは政治イデオロギーの側面から一定の距離を保ってきたはずの畑県政は、中曾根政権の「たくましい国家」や竹下政権の「ふるさと創生」、「1省庁1機関の地方移転」と接近しつつ、開発路線へと大きく舵を切っていった。

第2節　行政の文化化事業としての公立文化施設建設

第1項　文化施設建設のはじまり

文化行政が標榜される以前から、埼玉県では文化施設の整備が進められてきた。たとえば、埼玉会館や県立図書館（浦和図書館、熊谷図書館）、県立博物館、県立美術館、県立文書館といった文化施設がそれである。埼玉県における文化施設整備の黎明期を代表する施設として埼玉会館を挙げることができる。埼玉会館は、大阪府中之島公会堂の設計者である岡田信一郎の設計により、昭和天皇のご成婚を記念して「御成婚記念埼玉會館」として1926年に浦和に建設された[85]。大規模集会施設としては東日本では日本

青年館（1925年）に次ぎ、日比谷公会堂（1929年）よりも早い時期に埼玉会館は建設された。終戦直後は接収されて埼玉軍政部として使用された。昭和30年代に入ると老朽化が目立つようになったことなどから再建築の機運が高まった。

1960年12月10日に埼玉会館改築調査委員会が発足し、高層建築への改築構想を決定した。新埼玉会館は前川國男の設計により、地下3階、地上7階の鉄筋コンクリート造で、大ホール（1,514席）、小ホール（504席）に展示室や集会室をそなえ、1966年5月27日に落成式が挙行された。新埼玉会館には郷土資料室が併設され、発掘調査等によって発見された考古資料などが展示された。

1967年、第22回国民体育大会（埼玉国体）が開催され、同年に郷土資料室において「埼玉の古代」と題した展覧会が開催された。皇太子夫妻（現 上皇上皇后）がこの展覧会を訪れ、柳田が案内役を務めた。「私が、「この丸木舟は県下の荒川の支流の方から出たものですよと」と申し上げたら、「ああ、そう」。「大体1500年前のものです」と申し上げたら、「ああ。それは、カーボン測定はしてあるんですか」と言われました。皇太子はそういうことまでご存じなのかとびっくりしたんです」と柳田は述懐している（埼玉県文化財保護協会 2010：9）。

埼玉会館は、クラッシックコンサートの開催から美術作品や文化財の展示まで幅広く文化芸術活動の拠点として位置づけられ、「公会堂」的機能を果たしてきた。その後、埼玉会館を起点にして県立近代美術館や県立博物館などの文化施設整備が展開されていった。

施設名	開館年	閉館年
県立浦和図書館	1960	2015
県立熊谷図書館	1970	—
県立川越図書館	1975	2003
県立久喜図書館	1980	—

表6 埼玉県立図書館一覧表

　埼玉会館と並んで埼玉県の文化施設整備史の黎明期を物語る施設として、図書館を挙げることができる（**表6**）。県立埼玉図書館は、1877年に県立師範学校として建設された建物を使って設置された。しかし、戦後に入って老朽化が目立つようになると、建て替えの議論が持ち上がった。1960年に新たに県立図書館が建設された。その後、県立図書館は県立浦和図書館と改称され、1970年7月に県立熊谷図書館、1975年11月に県立川越図書館、1980年6月に県立久喜図書館が開館した。特に県立熊谷図書館は、「県北文化の拠点を熊谷に」という声の高まりによって建設された（埼玉県 1991：1003）。

　県立図書館だけでなく、埼玉県内各地に分散的に文化施設が配置されていった背景には、第一に「いわゆる文化行政の推進につきましては、本県は全国的にも先進県の一つとして評価され、県民が身近に文化環境に親しめる文化会館や図書館などについても、県内の広域的拠点に立地されている[86]」というような、文化行政を旗印とした文化開発的な埼玉県の施策が存在した。第二に、自治体を中心とする地元の声が、こうした埼玉県の施策を後押しした。

　他方で県立博物館の建設は、戦後の文化財保護行政の成立と深

施設名	開館年	リニューアル
県立美術館⇒県立近代美術館	1957	1982
県立文書館	1969	1983
県立博物館	1971	
県立歴史資料館	1976	
県立民俗文化センター	1980	
県立自然史博物館	1980	
県立平和資料館	1993	
さいたま川の博物館	1997	

表7 埼玉県立博物館等一覧表

く関わっていた（**表7**）。1950年の文化財保護法成立を受けて1952年に埼玉県でも文化財保護条例が制定された。ところが条例は制定されたものの、市町村での文化財保護条例制定や専門職員の配置は進まなかった。こうした状況を改善するため県と市町村の担当者で構成された「埼玉県文化財保護協会」が、1958年に設立された。埼玉県文化財保護協会は、協会設立翌年の1959年7月15日、埼玉県刀剣保存協議会や埼玉県郷土文化会とともに県立博物館設置の請願書を県議会に提出し、博物館設立の必要性を訴えた。[87] 1965年に埼玉国体開催に合わせて当時の埼玉県知事であった栗原浩に陳情を行ったものの、予算上の問題から実現しなかった。1966年の埼玉会館リニューアルに合わせて資料展示室が設置されたのは、博物館代替施設としての機能をここに求めたからだった。

一方で、その直後から急速に県立博物館建設は実現性を帯び、1966年度から調査費が予算として計上され、建設事業は軌道に乗り始めた。県立博物館建設予定地の陳情合戦では、浦和、東松

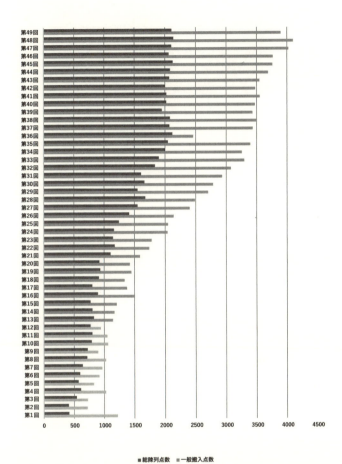

図8 県展回数別一般搬入点数、総陳列点数の推移（第50回埼玉県美術展覧会記念誌編集委員会『埼玉県展の50年』さきたま出版会、53-56 より引用者作成）

山、熊谷、秩父、川越、大宮の6市が名乗りを上げて争ったが、最終的に文化会館などの既存施設の存在などの環境が考慮され、大宮市の大宮公園に決定し、1971年11月1日に開館した。

県立美術館設立についても県立博物館設立と同様の道筋をたどった。県立美術館設立の議論は、1951年12月に第2回県展が火災で焼失し、その後再建された県庁舎において開催された際に県展会場として相応しい美術館を求める声が上がったことに始まる（図8）。

1952年より県内美術家を中心とした美術館建設に向けた募金活動として鉛筆売り運動が展開されていった。この鉛筆売り運動には、市町村関係者やPTAなどの社会教育関連団体が協力し、約300万円が集まった（第50回埼玉県美術展覧会記念誌編集委員会）。同年、埼玉県美術館設立準備委員会が組織された。県立美術館建設予定地については、浦和市と熊谷市との間で争い、県は旧県議会議事堂の建物を利用する案を提示したものの、結論は出なかった。結果的に、1957年に浦和市の別所沼公園内に木造2階建てで開館した。

第7回から第15回までの県展は県立美術館において開催されていたが、1966年に埼玉会館が開館し、その展示室が美術作品の展示会場として利用されるようになったことから、県展も埼玉会館で開催されるようになっていった。第16回から第32回までの県展が埼玉会館で開催される一方、県立美術館は実質的な役割を終え、別所沼公園の管理事務所として使用されたのちに建物は解体された。

その後、埼玉会館の展示室が手狭になったことに加えて、近代

写真 15 埼玉県立近代美術館

美術作品は県立博物館に収蔵されていたことから、本格的な美術館の設立が議論されるようになった。埼玉県は、1982 年に埼玉大学（旧制浦和高校）の跡地に整備された北浦和公園内に県立近代美術館を開館した。建築家黒川紀章の設計で建築され、それまで県立博物館に収蔵されていた近代美術作品を移管し、展示することとした（埼玉県県民文化課 1982：150）。

　県立近代美術館と同様に、県内関係者の運動を起点として整備されたのが、県立文書館である。古文書や行政文書を保存、公開する文書館整備の構想は、1963 年 11 月の埼玉県総合振興計画の中に盛り込まれるなど、比較的早い段階から議論されてきた。1965 年 12 月、埼玉県地域研究会や図書館協会からの陳情を受けて、県は 1968 年に建設工事に着工、翌年に文書館を開館させた。

この時期、日本学術会議55回総会では政府に対して「歴史資料保存法」の制定を勧告し、わが国における文書館設置の議論が活発化していた（史の会1986：188）。このような議論と並行して、山口県文書館と東京都公文書館が設立され、埼玉県立文書館は全国で3番目の文書館となった。

県史編纂事業の開始に加えて、県内市町村の編纂事業が活発化するようになると、1983年度に県議会議事堂西に新館が建設された。

畑県政以前に計画・建設された文化施設には、埼玉会館や県立図書館のように戦前・戦中に建設されたもののリニューアルと新たに建設されたものとが存在する。これらの文化施設建設の契機は、埼玉国体であった。柳田が、「もう国体を境にして埼玉県はぐんぐん開発されていった」（埼玉県文化財保護協会2010：9）と語ったように、官民にわたる急激な県土の開発が推し進められ、その一環として数多くの文化施設が埼玉県内各所に置かれた。

そもそも国体は、単なるスポーツ・イベントではなかった。開催県は国体開催の目的として、県民のスポーツ振興や県民の健康増進のほか、国体を通しての地域文化の紹介や地域開発にとっても重要な位置を占めていた（権2006：215-216）。道路建設やスポーツ施設建設だけでなく、ミュージアムやコンサートホールといった文化施設が、国体開催に合わせて建設された。その背景には、外部からの観客や訪問者の増加、自治体としてのイメージアップ効果に対する開催県の期待があった。

地方版文化開発としての埼玉国体は、県内の各種団体や県民の文化活動拠点整備の声に後押しされながら文化施設整備を促進し、

県土の開発政策推進にとって大きな意味を持っていた。では、畑県政における文化施設整備は、それまでの開発主義的な整備事業と一線を画し、行政の文化化に見られるような独自の路線を敷いたのだろうか。

第2項　行政の文化化に基づく文化施設整備

　1972年の畑県政成立後、県は菅谷館跡保存事業と一体的に整備された県立歴史資料館（1976年）、県立熊谷点字図書館（1978年）、こどもの城（1979年）、さいたま水族館（1983年）などの文化施設を整備していった。このうち畑県政における文化施設整備のターニングポイントとなった1980年開館の3施設（県立民俗文化センター、県立自然史博物館、本庄文化会館）について確認しておくことにしたい。

　県立民俗文化センターについては、『埼玉県中期計画：緑と清流、豊かな埼玉5か年計画』（1979年）の中に建設構想が謳われた。施設建設に先立って「基本構想策定委員会」が県教育長の諮問機関として立ち上げられ、民俗芸能や民俗工芸を中心とした「県民参加のわざの博物館」というコンセプトが掲げられた。埼玉県内の民俗芸能や民俗工芸の存在を広く県民に理解させ、その結果として民俗芸能を中核とした新しい文化活動が育まれることが期待された（秋葉1981）。建設場所には伝統工芸品である岩槻人形の生産地として繁栄してきた岩槻市が選ばれた。

　畑は美術評論家の本間正義との対談の中で、「大宮の博物館（県立博物館）は、日本の中でも誇れる施設ですが、埼玉には正直いってあれしかなかった」（畑1979：244）と語り、1970年代当時の

写真 16 県立自然史博物館（現埼玉県立自然の博物館）

文化施設不足を問題にしていた。このような背景から近代美術館や自然史系博物館とともに建設計画されたのが、県立民俗文化センターだった。

 一方、県立自然史博物館の設立には、①埼玉県の天然記念物保護行政、②秩父鉱物標本陳列所の二つの系譜が深く関わっている。県立自然史博物館の建設準備事務は、地形や地質、動植物に関わる天然記念物保護行政と同時並行で進められていた。他方、1970 年代に開館した埼玉県内の文化施設は人文系を中心とし、自然系博物館は私立の秩父自然科学博物館のみであった。

 秩父自然科学博物館は、秩父鉄道株式会社が 1921 年に建設した秩父鉱物標本陳列所を母体とし、1948 年に実施された奥秩父綜合学術調査の成果を合わせて、1949 年に開館した。秩父鉄道株式会社の支援によって自然史のミュージアムが設置された背景

には、地質学発祥の地として学術研究の場となってきた長瀞が、観光資源としての高い価値を有してきたことがあった。

その後、秩父自然科学博物館が、秩父地域の自然史研究や校外学習の重要な拠点となるにつれ、一企業が社会教育を担うことへの異議が唱えられるようになった。加えて1973年の石油ショックを契機とした緊縮財政の必要性から、秩父鉄道株式会社内部から本来の輸送業への専念が議論された。同時期に年間8万人の入館者数を数えていたものの、年々1万人ずつ減少していったことも博物館経営のあり方が見直される要因となった。

1976年10月9日の県議会で県立自然系博物館建設の意向を問う質問が出され、これを契機に県立施設として自然史博物館整備が具体化していった。1977年2月の県議会で建設が決定された。県立自然史博物館の建設もまた行政の文化化を具現化する事業として位置づけられたため、事業スタート時には知事局部である県民文化課が建設事業を担当した。しかし、社会教育的な視点を盛り込む必要が議論されるようになると、建設担当は県民文化課から教育局文化財保護課へと移管された（本間 2013：1-5）。

ミュージアムの整備と同時並行で建設が進められたのが、県立文化会館だった（表8）。埼玉県内に設置された県立文化会館は、県内旧8郡のうち7郡にそれぞれ配置された。これら文化会館は畑知事就任以前から計画され、熊谷会館を皮切りとして1970年代に次々と開館した。これらの文化会館は、その立地地域において文化的なシンボルとしての役割を担っていた。たとえば、1973年開館の行田産業文化会館は、「県中央や東京に出かけなければ触れることのできない催し物の数々、一般化し始めた結婚式

施設名	開館年	移管年	リニューアル
新埼玉会館	1966	—	
熊谷会館	1971	2015（廃止）	
草加文化会館	1972	1998	草加市文化会館（2000）
行田産業文化会館	1973	1998	行田市産業文化会館（2000）
坂戸文化会館	1975	1998	坂戸市文化会館（2000）
東松山文化会館	1976	1998	東松山市民文化センター（2000）
本庄文化会館	1980	1998	本庄市民文化会館（2000）
彩の国さいたま芸術劇場	1994		

表8 埼玉県立文化会館・劇場一覧表

場」といった新鮮な輝きを放つものであり、「埼玉県民としての充実した生活の表現の場」であった。それゆえに、「私たち行田市にとってまさに文化的象徴」ともいうべき存在として立地地域の人々に受け入れられていった[88]。当時の文化会館は地方における都市文化を象徴し、文化的な豊かさを個人のレベルでも享受しうる場であり、人口急増地帯であった埼玉県にとって必須の文化施設だった。

これら県立文化会館の7番目に設置されたのが、本庄文化会館である。畑が県議会での答弁で「本庄県民会館（仮称）の建設をもって、この種の文化会館の設置はいちおう終了する[89]」と語ったように、県立文化会館の総仕上げとしての本庄文化会館は、他の文化会館と同様に建設用地および建設費の3分の1相当を地元自治体が負担する方式により1980年に開館した。また、本庄市と連携して隣接する本庄中央公民館との一体的な配置が計画された。第二次文化行政懇談会での提言を受け、畑が掲げる文化行政を具現化する施設の一つとして位置づけられた本庄文化会館は、

写真 17 本庄文化会館(現本庄市民文化会館)の外観

同時期に建設された道路や橋梁と同様に文化性が投入された。

畑は本庄文化会館の竣工式式辞の中で、次のように述べた。

> かねて私が提唱し、推進いたしております地域文化の振興、行政の文化化など文化施策の一翼を担うモデル文化施設として建設を進めてまいったものであります。
>
> 従って設計面でも、既定の設計に数次にわたる研究と改良を加え、陶壁「大地の声」をはじめ建物の随所に文化性を投入し、親しみと開放的な使いやすさに意を用い、名実ともに文化活動の拠点としての機能をもった施設として完成されたものであります。
>
> 近年、文化のあり方も鑑賞する文化から、住民が参加し、創造するものへと変わりつつあると言われておりますが、この文化会館も、県民の皆様がいつも親しみ、なごみ、気軽に利用し、参加することが出来る楽しい場となることを願っております。[90]
>
> (埼玉県県民文化課 1982：136-137)

実質的に計画段階から畑が関わった本庄文化会館のデザインもまた、地域の文化を基礎とした新たな文化創造の場としての文化会館の役割を具現化するイメージが付与された。これを象徴するのが、畑の発言中にもあった「大地の声」と名づけられた陶壁である。陶壁は本庄文化会館の正面ロビー壁面に配置され、次のような説明文が付されている。

大地の声

　この陶壁のテーマは、埼玉県の土壌が秘める古墳文化に求められました。そこには悠久の祖先の声につながる、このうましき土地のひびき「大地の声」がよみがえります。

　それはまた、この土地ならではうたい上げぬ「古代讃頌(さんしょう)」でもあります。

　地層と埴輪とが結ぶ夢の土壌、千五百年に及ぶ広大重厚な埼玉文化の証(あかし)が、かつてない自由な構想とスケールをもつ曲面陶壁をおのずから生んだのです。

　本庄文化会館を訪れ、この壁の前に立つ人に、「さきたま」の地名の由来をしかと実感させることでしょう。

　多数の埴輪の間に縄文時代の遮光器土偶が紛れ込んでいるなどウイットに富んだ作品となっており、約40年経過した現在でも建物から当時のメッセージを受け取ることができる。また陶壁だけでなく、古墳文化を想起させるデザインは、掲示板や外壁など本庄文化会館建物全体に及び、統一感を持たせている。

　古墳文化をモチーフにした公共施設デザインが生まれた背景には、同時期に稲荷山古墳から出土した辛亥銘鉄剣が展示・公開され、埼玉県内外で埼玉県＝古墳文化という地域イメージの浸透があった。行政の文化化四要素のうち、「シンボル性、親しみ、歴史との結びつきなどの地域性」、「美しさ、調和などの美観性」に基づいて、古墳文化の地域イメージを具現化したものが本庄文化会館であり、他の埼玉県立文化会館とは一線を画す、文化行政の時代を象徴する建造物となった。

写真 18 本庄文化会館（現本庄市民文化会館）の陶壁

本庄文化会館に代表されるように文化的な豊かさの享受や地域固有の歴史や文化による県民意識の統合が、文化行政の目指す姿だった。埼玉県民統合のための文化施設建設もまた、デザインを含めて新たな地域文化を生み出す拠点として期待される一方、自分の街にも必ず備えたい施設として各地域の住民たちに設置が切望された。後者の要望は次第に大きな影響力を持つようになり、文化施設建設自体が目的化していった。結果的に文化施設建設という開発を正当化するための理由づけに文化行政が一役買うこととなったのである。

　全国的な文化施設建設の推進は、革新自治体独自路線としての文化行政から、どの自治体もがこぞって目指す文化開発への転換とも深く関連していた。第三次文化行政懇談会の席上において朝日新聞記者の木内宏と俳人の金子兜太は、文化行政から文化開発への転換について語っていた。

    木内　　いまのところ、たとえば神奈川の長洲知事あたりから活発に地方文化の交流というかけ声が出てきたと思うんですよ。それが大阪、兵庫、それからこの畑知事というような、全体として太平洋ベルト地帯の先進的な、ということは革新県政、革新首長といわれたところに波及していったんですね。ところが、いまや別に革新とよばれないところでも、この流れに追従しているわけですね。
    金子　　そうだ、そこがだいじと思うんだ。
    木内　　文化行政の推進ということが、革新自治体の看板ではなくなったということだと思うんですね。（第3次埼玉県文化行政

懇談会 1980：19)

　こうして開発政策とは最もかけ離れていたはずの文化に関わる政策は、新たな開発政策としての様相を帯びていった。そのターニングポイントが、1980年という年だった。やがて80年代の文化施設整備の潮流は、90年代の地方都市再整備に伴う文化施設建設へと引き継がれ、文化を旗印とした新たな開発政策を象徴することとなった。

第3項　新たな文化施設整備の構想：彩の国さいたま芸術劇場

　県立のミュージアムや文化会館、さらには県立久喜図書館が開館した1980年を境に県立文化施設は県内各地にほぼ均等に配置されることとなった。これにより県内各地で誰もが文化活動に参画し、または文化や芸術を鑑賞する機会を得る機会を提供した。だが畑は文化施設整備にさらなる構想を抱いていた[91]。それは県民芸術劇場建設だった。1979年に県文化団体連合会が畑知事あてに『県民芸術劇場（仮称）建設要望書』を提出し、1983年以降委員会が立ち上げられ、県民芸術劇場の整備検討が重ねられた[92]。

　畑は俳優森山周一郎との対談で美術館整備を踏まえ、美術の次は演劇だと述べた。「埼玉会館をはじめとする県民会館、文化会館は県内各地に整備を進め、今度は本庄にオープンします。1,200、1,300人は収容でき、いろんな用途に使えますが、実は、これらの施設も演劇なんかには不向きのようですね」と畑が話を向けると、森山も「そうなんです。他の劇団が埼玉に来ますが、話を聞いてみると演劇公演をやるには照明設備といい、音響効果といい

ダメだそうです。演説会にはいいようですが……。演劇がやれる劇場にしておけば、逆に演説会にも利用できます。しかし演説会向きに作ると、奥行きやソデの関係で演劇はできにくいんです」と返した（畑 1979：270）。

畑は自著の中でも同様の見解を示した。「日本の社会は「ものの豊かさ」から「こころの豊かさ」へと、価値観が変化」しており、「そうした状況を踏まえて、芸術文化を志向する県民の創造活動の場を整備することが急務」（畑 1990：186）となったとした。そこで、「私が考えたのは、芸術活動の拠点をつくることであった。具体的にいえば、県が劇場をもつことである。それが、県民芸術劇場の建設計画」であると畑は述べた。

その理由を既存の文化会館の現状とこれからの文化ホールの役割に求めた。

> 埼玉には、現在埼玉会館をはじめとして7つの県立文化会館がある。芸術活動もこれらの施設を使えばいい。ところがこれらの施設は、多目的ホールという性格をもっている。が、この多目的ホールは、今日のように各種の舞台芸術活動が、それぞれ独自で高度な施設内容を要求する時代にあっては、機能的に半端で使いにくいものとなっている。こうした時代の要請を受けて、より質の高い創造的な舞台芸術活動を行うために、従来の多目的ホールから脱皮した専用ホールを建設することが、望まれるようになってきた。（畑 1990：186-187）

埼玉県では従来の文化会館が、多目的ホールとして貸館中心の

機能を担ってきた。だが、従来の文化会館では一から演目を立ち上げ、上演まで長いプロセスを要する舞台芸術には馴染まない。創造的な舞台芸術活動を育み、地域活性化の拠点となるような劇場の整備を畑は訴えた。この劇場建設は、いうまでもなく畑が掲げてきた文化行政の理念に沿ったものだった。ほぼ同時期に整備された水戸芸術館や金沢市民芸術村と並んで、市民の創造性を育み、地方発の地域活性化の起爆剤として注目された。畑から土屋義彦へ知事が交代したのちの1994年、県立芸術劇場は、「彩の国さいたま芸術劇場」として芸術監督制度を導入した本格的な舞台芸術の拠点として開館した。

彩の国さいたま芸術劇場開館と同時期に議論されていたのが、浦和、大宮、与野の三市合併による政令指定都市構想である。省庁移転を前提としたさいたま新都心の整備は、政令指定都市建設と不可分の関係にあった。その中で合併後の独自の地域性をアピールすることが三市に求められた。文教・行政の中心としての浦和、商業都市としての大宮に対して、彩の国さいたま芸術劇場が立地する与野市は、「芸術、文化の発信地」との都市の性格付けを強調した。だが、「指定市がわからない」という市民に説明しようにも説明すべき全体的な「未来像」は無く、「始めに合併ありきだから、手段が目的になっている」状態だった。[93]

彩の国さいたま芸術劇場は、畑県政における文化行政の中で創造性を育む舞台芸術の拠点として計画された。開館後も芸術監督制度導入などによる独自の舞台芸術を生み出し、地域の人々が鑑賞者だけでなく、参加者として能動的に関わる道筋を切り拓いた。だが、その後の政令都市建設の中で必ずしも都市再生の起爆剤に

活かされず、個別地域の性格付けに止まっていた。文化による開発は、再開発や行政組織再編による新たな都市像の創出に向かわずに合併や開発ありきで突き進んでいった。

第4項　文化施設再編と文化行政の見直し

　1990年代末、県内文化施設は大きな転換点を迎えた。1990年代に入ると、施設の老朽化が顕著となるとともに利用者数の減少が目立つようになった。他方で、市町村立の文化施設が整備されたことで県が文化施設を設置・運営する意義が失われた。加えて低経済成長時代に突入し、県財政が危機的な状況を迎えたことで、県立文化施設のあり方が見直されることとなった。

　1998年には草加文化会館や行田産業文化会館、坂戸文化会館、東松山文化会館、本庄文化会館が各地元自治体に移管された。その後、熊谷会館は廃止された。全国3位の施設数を誇った県立のミュージアムについては、2002年に策定された「埼玉県行財政改革プラン」において経営計画の策定や移管・廃止等を含めた今後のあり方が検討された。この提案に沿って県立民俗文化センターは廃止され、その資料を県立博物館に移管した後、歴史と民俗の博物館として再出発した。荒川の総合調査の成果還元を目的に設置された県立さいたま川の博物館は、県立自然史博物館との統合が模索された。その後、県立自然と川の博物館と改称され、指定管理者制度の導入に伴い民間企業が指定管理を担っている。さきたま古墳群に併設されたさきたま資料館は、同じく歴史系資料館の県立歴史資料館（嵐山町）との統合案が浮上したものの、展示や運営内容の違いから統合に至っていない。

写真 19 廃館後の民俗文化センター

　統廃合は県立図書館にも及んだ。2012 年、県立浦和図書館、県立久喜図書館、県立熊谷図書館の 3 館を統合し、新たな県立図書館建設を目指す案が埼玉県より当該自治体に示された。この案に熊谷市は賛意を示す一方、久喜市では住民の反対署名運動が展開された[94]。県立久喜図書館を巡っては、その後久喜市長が近隣自治体長とともに廃止反対の意向を示したことで存続することとなった。このことから 3 館を統合した新たな県立図書館設置の計画は白紙に戻された[95]。

　県立文化施設の統廃合は施設そのもののあり方だけでなく、文化行政自体を問い直そうとするものだった。その過程でも明らかになったのは、地域にとっての文化施設の役割や意義に基づいた

設置数、設置場所の再検討ではなく、自らの地域に県立文化施設を設置、あるいは残そうとする地域間の駆け引きだった。

町村は佐久間ダム建設のプロセスを分析する中で、佐久間の人々が開発に期待を寄せていたのは開発の夢を注入された未開の民であったためではなく、むしろその逆に近く、開発経験を持っていたからこそであったことを指摘した（町村 2006：93-96）。町村の指摘に沿えば、戦前から連綿と文化施設整備が積み重ねられ、その経験が埼玉県民の間に蓄積されてきたゆえに畑県政以後の文化開発にも期待が寄せられていた。行政の文化化理念に対する県民の期待と明確に切り離せないものの、人々は広義の開発に地域発展の夢を思い描いていたのかもしれない。それが結果的に県土の均衡的発展としての文化施設の充実に拍車をかけることとなった。ただし、県財状況の悪化や基礎自治体による文化施設整備が進む中で、文化施設の見直しに対する反動も大きかった。

それでもなお土屋知事時代に彩の国さいたま芸術劇場が開館し、政令指定都市制定、省庁の地方移転、さいたま新都心建設といった大規模公共事業に文化施設建設が組み合わされる中で、文化開発は「人々の夢を満たしてくれるような魅力」（NHK放送世論調査所編 1979：138）を持つ東京のような都市づくりを人々に認識させた。しかしその実態は全総的な戦後開発思想を背景に、「バラ色の夢を振りまきながら、期待を裏切ること[96]」が多く、必ずしもすべての人々に受け入れられたわけではなかった。理念なき文化開発へと地方政治や地方行政が邁進していく中で文化施設建設自体が目的化し、やがて頓挫するのは必然であった。だが、先が見えてもなお地域の開発は継続された。むしろ、よりはっきりと

地方政治の重要課題として開発が重要視され、行政はインフラ整備の充実に邁進していった。

第3節　行政の文化化としての「緑の政策」と都市公園整備

第1項　身近な「緑」保全思想

　行政の文化化は、政策や組織を含めた総合的な行政改革としての意味合いを含んでいた。それゆえに行政の文化化の範囲は文化財の活用や文化施設整備だけでなく、都市景観や農村景観に代表される生活空間全体の保全政策にも及んでいた。

　すでに述べたように、そもそも畑は最初の知事選をたたかう中で「緑と清流、豊かな埼玉」というスローガンを掲げていた。経済優先の拠点開発方式や大規模プロジェクト方式が、結果的に環境問題や都市問題を引き起こした「日本列島改造」という国土開発政策から、「定住圏構想」を含んだ三全総の登場へという国政レベルでの政策的な回転は、「緑」に象徴される生活環境の改善政策を掲げる地方政治レベルにも少なからず影響を及ぼしていた。保守と革新、国政と地方政治は、対立や乖離していたのではなく、部分的には緩やかなつながりを持っていた。

　こうして「緑と清流」というスローガンは、『埼玉県中期計画：緑と清流 豊かな埼玉をめざして』といったその後の計画として具体化されていった。他方で1979年に埼玉県は、「ふるさと埼玉の緑を守る条例」を制定した。この条例の前文には生活環境のなかの身近な「緑」と一体となった歴史的・文化遺産を後世に

第3章　国土開発への回帰

伝え、「より一層、ふるさと埼玉を親しみと誇りのあるものにするように、全ての県民が行動を起こす」ことが目標として盛り込まれた（畑1982：80）。環境全体を保全するという発想は、古都保存法の考え方に近く、自然環境や歴史的環境と都市開発との調和を図ろうとする意図が組み込まれていた。

　さらに総合的な環境整備政策の背後には、①縦割り行政改革、②地方自治体の自己決定権確立という二つの意図が込められていた。

　たとえば当時、「原生林などの「貴重な自然としての緑」の所管は環境庁、植林した山などの「資源としての緑」の所管は農林水産省、公園、緑地などの「施設としての緑」の所管は建設省」といったように、「緑」は各省庁の行政分野において機能別に切り分けられ、それぞれ個別の政策が作られていた。その中で都市化地域にある身近な緑は、縦割り行政における政策対象からは漏れていたため、埼玉県のような急激な都市化が進行する地域では「緑」の減少を抑制する手立てがなかった。縦割り行政を排し、地域社会が抱える課題の実態に即した政策の一つが、「ふるさと埼玉の緑を守る条例」であった（畑1982：118-122）。

　他方、「地方の時代」に合わせた地方自治体の自己決定の意思が、「緑」の保全思想に組み込まれていた。権限と財源の多くを国が掌握し、地方自治体にとって自己決定可能な範囲が限定されている「三割自治」の実態を踏まえて、畑は国の政策に先んじた地方自治体独自の環境保護政策が地方自治体の自己決定権確立にとって必要であるとの立場をとっていた。それゆえに「ふるさと埼玉の緑を守る条例」は、憲法上保障されている地方自治体の自

治権確立への動きとも連動していた。

　またこの条例は、「自然環境、生活環境および生産環境を総合的に整序する——無秩序な変化に対して変化を秩序」（畑 1981：69）づけていく、「環境整序権」に裏付けられていた。したがって縦割り行政を排し、地方自治体の自己決定を促そうとする「ふるさと埼玉の緑を守る条例」は、新たな環境政策のように見受けられるが、実際には従前の環境政策の文化化だった。

第2項　緑のマスタープランから公園建設へ

　行政の文化化の考え方を踏まえた「ふるさと埼玉の緑を守る条例」を基礎として、1985年3月、埼玉県は「緑と清流　豊かな埼玉21世紀をめざして」を策定した。この計画に関連して策定されたのが、「埼玉県緑のマスタープラン」である。「埼玉県緑のマスタープラン」は、県内各市町村のマスタープランの原案を土台に、都市計画区域などのマスタープラン策定とともに作成された。[98]その理念は地域の歴史的風土を踏まえ、系統的な公園緑地整備を図り、「自然とのふれあいの場に恵まれた美しい風土づくり」を目指そうとするものであった。この理念に基づいた事業として次の5つの主要プロジェクトが立ち上げられた。

（1）波状に分布する緑地や河川と用水のネットワーク化によって緑の骨格形成と創造を行う「緑の波プラン」
（2）河川沿いに立地特性に応じた多様な公園を整備しネットワーク化を図る「水と緑のネックレス」
（3）丘陵地や台地や平地にある林を都市林と位置づけ、公園整

備を推進し、多様なレクリエーション活動と環境保全に対応できるような土地有効利用を図る「さいたま・都市林・プラン」
(4) 秩父山系の貴重な自然を将来にわたり保護・保全していきつつリゾート開発によって活性化を図る「秩父リゾート」
(5) 主要な公園緑地のネットワーク化を図るために人と自転車のための緑道を整備するための「グリーン・ウェイ・プラン」
(畑 1990：211-212)

このうちの (5) の「グリーン・ウェイ・プラン」事業と関連して、後述する彫刻プロムナードが整備された。自然を保護しつつ、その活用を図ろうとするリゾート開発にみられるように、「埼玉県緑のマスタープラン」には単なる歴史的・自然的環境の保護に限定されるものではなく、国民文化祭のような国家的文化イベントと歩調を合わせつつ、都市計画の推進を図ろうとする狙いがあった。

実際に、彫刻プロムナード以外にも大規模な都市公園の整備が埼玉県主導で展開された。県営の都市公園は1884年に開設された大宮公園のみが存在していたが、1971年には、国体主会場跡に上尾運動公園が整備され、その後も「さきたま古墳公園」(1976年)、「久喜菖蒲園」(1977年)、「所沢航空記念公園」(1978年)、鳥と環境をテーマとした「しらこばと公園」(1979年)が開設された。このほか児童の情操教育に不可欠な自然との触れ合いをテーマにして、「こども動物自然公園」(1980年)が設置され、淡水魚水族館のある「羽生水郷公園」(1981年)がオープンした。畑自身がゴルフを趣味にしていたこともあって、ゴルフを中心と

した公園として「吉見総合運動公園」(1982年) が整備された。身近な緑に囲まれた環境の整備は公園建設へと転換していった。

畑県政における自然環境保護政策の萌芽は、初期の段階から認められ、中期計画や条例の中に盛り込まれていった。その背景には、縦割り行政の廃止や地方における自己決定権の確立を目指すイデオロギーが介在し、行政の文化化を体現する事業の一つだった。

ところが自然環境と住環境の両立を図った都市環境整備へと向かう中で、開発事業としての性格を露呈していった。この中で、埼玉県内各地において生まれた数多くの都市公園整備もまた、文化開発の一部を成した。公園整備の名の下に開発事業を進めていく手法は、自然環境保護思想の浸透とともに全国各地で取り入れられた。

第3項　歴史的・自然環境の保全と市民団体との協働

他方、文化的・歴史的環境の保全を図りつつ、緑と調和した生活空間の整備も実現していた。たとえば、トトロの森（**写真20**）のナショナルトラスト運動への県行政の支援、野火止用水[99]（**写真21**）や見沼田圃の整備・保全など文化的・自然環境全体の保全を市民団体とともに実現してきたことは、政策実現のプロセスを含め、地域の開発とバランスさせながら生活環境を守るという文化行政の一つの到達点を提示したと言える。この実現も"県民の声"を背景にしていた。

写真20 トトロの森(所沢市)

写真 21 野火止用水

第 4 節　文化イベントの創出と都市整備

第 1 項　国民文化祭による文化開発

　埼玉県の文化行政事業は、文化施設整備への傾注と同時並行で、文化イベントの創出にも力を注いでいった。その中でも「第4回国民文化祭さいたま89」は、今日まで継続されている「埼玉県芸術祭」の基礎を形づくり、埼玉県による文化政策に深く影響を与えた。同時に「緑」を中心とした都市整備政策と組み合わせることで、緑道整備へと展開していった。

文化庁による国民文化祭

　国民文化祭は 1986 年より開始された。開催形態は国民体育大会と同様に、各都道府県の持ち回りで実施されてきた。三浦朱門の説明によれば、国民は文化を享受するだけでなく、自ら文化活動に参画する存在となっており、こうした社会情勢を前提に国民の文化活動を実践する場を用意することが国民文化祭の目的だった（三浦 1988：11）。

　国民文化祭は当時文化庁長官であった三浦の発案とされてきたが、そもそも国土庁が実施した「国民的文化振興構想と地域開発に係る基礎的条件調査」の報告書において、国民文化祭の文言が登場していた。この調査報告書では、定住圏に文化会館や博物館、図書館などの文化施設を総合的に配置する三全総の考え方を踏まえた上で、地方の文化機能整備に刺激を与える方法の一つとして各地を巡る文化国体としての国民文化祭の開催が提案されていた。[100]

三浦の国民文化祭は結果的に既存の文化施設利用にとどまっていたため、新たな文化施設建設を前提とした梅棹の意図とは異なっていた。そこには教育政策的観点から国民文化祭による生涯学習振興を目指す文化庁と、国土開発として国民文化祭を起爆剤に文化施設整備を目指す国土庁との立場の違いが鮮明に現れていた。最終的に生涯学習振興政策としての文化庁による国民文化祭が事業化された。

　「地域文化の振興と国民文化祭」と題して文化庁主導で開催された座談会では、国民文化祭の向かう方向として、第一に地域性の発揮、第二に生涯学習の場としての位置づけが強調された（倉橋ほか1988）。この座談会以降、国民文化祭はアマチュア文化活動の祭典として位置づけられ、参加自体に「学び」の要素が込められていった。

「第4回国民文化祭さいたま89」の開催

　「第4回国民文化祭さいたま89」（以下、さいたま89）は、第1回東京（1986年）、第2回熊本（1987年）、第3回ひょうご88（1988年）に続いて1989年に開催された。「さいたま89」の開会に当たって当時国民文化祭実行委員会会長であった三浦は、「伝統文化を忘れかけた古い住民と、伝統から切り離されようとしている新しい住民が一致協力して、新しい埼玉文化を創造しようとする、それが今回の国民文化祭である」と述べた。人口急増地域として、新旧住民が混住する埼玉県における新たな地域文化の創造をめざした「さいたま89」は、これまで埼玉県の文化行政が掲げてきた政策的方向性と合致するものだった。

次いで壇上に立った畑は、埼玉県で実施される国民文化祭のメインテーマ「いま、新しく生きる」に触れる中で、「私は、かつてない経済的な豊かさと自由な時間を得ました今日、何を心の糧とするか、また豊かな生活とは何かを今一度自分自身に問いかけ、思いをあらたにし、より一層創造的に生きることの願いをこのテーマに託した」ことを強調した（文化庁ほか 1990：6-7）。

　畑のあいさつと重なるように「さいたま 89」の報告書では、「「文化の時代」の幕開けともいえる平成元年に開催された今回の国民文化祭は、新しい文化に生命を与えるとともに、地域文化を振興し、国民一人ひとりが自らの文化活動を創造する意欲と人間性の回復の機会とするという所期の目的を十分達成し、同時に埼玉文化の魅力と底力を全国にアピールして、大きな成果を収め、成功裏に終了した」と、国民文化祭の成功が声高にアピールされた（文化庁ほか 1990：67）。

　畑の発言や報告書のまとめにみられるように、国民文化祭の開催は、埼玉県における経済的豊かさの次なる段階として文化的豊かさの獲得に結びつくという論理によって語られた。皇太子の臨席の下に開会式と総合フェスティバルが、「新しい埼玉県のシンボルであるソニックシティ」で開催されたことは、まさに大規模開発の象徴としてのソニックシティを舞台の中心にすえた「さいたま 89」が"豊かさ"獲得のための文化開発であったことを示していた。

第2項　芸術文化による都市整備

彫刻プロムナード整備と都市整備

　「さいたま89」は文化庁主導による生涯学習としての「学び」を前面に打ち出した教育政策的な性格を持っていたが、実際の施策レベルでは、都市開発としての側面が強調されるようになっていった。

　「さいたま89」報告書の最後に「彫刻、児童文学などの事業で、作品の一部を国民文化祭開催のモニュメントとして残すことができた。特に彫刻プロムナードでは、4.8kmの緑道に50点の入選作品を設置したが、これは、将来埼玉の新名所となることが期待できる」と記されているように、国民文化祭において入選した彫刻作品は、さきたま古墳群の近くに整備された「さきたま緑道」に屋外展示された（**写真22**）。

　この彫刻を沿道に配置した緑道の整備目的は、畑によれば、「そもそも道は古来から人の往来するところである。しかし、それにとどまらず、地域の人たちの交流や文化の発展の場でもあった。それなのに、現代ではクルマ社会の到来によって、道は人の生命をも危うくするという惨めなことになっている。そこで、私は古来からある人の道を再び取り戻そうとした」（畑1990：209）ことにあったという。緑道は、「国民文化祭に出展された彫刻作品を永久展示」することで、「訪れる人々の安全確保はもとより、ゆとり、やすらぎを感じながら文化に親しむことのできるこのような公園」としての機能を持たせているのだと畑は説明した。

　この彫刻プロムナードの整備は、埼玉県が1979年に制定した

写真 22 さきたま緑道と彫刻

「ふるさと埼玉の緑を守る条例」や、これを基礎に策定した 1985 年 3 月の「緑と清流　豊かな埼玉 21 世紀をめざして」、「緑のマスタープラン」に基づいていた。つまり、この整備事業は、埼玉県が進めてきた身近な緑の保全に向けた住環境整備政策と国民文化祭という文化開発とが組み合わされたものだった。

「第 4 回国民文化祭さいたま 89」から「埼玉県芸術文化祭」へ

　「さいたま 89」の報告書には、彫刻プロムナードの整備と併せて、国民文化祭を引き継いで、埼玉県独自の文化事業として「埼玉県芸術文化祭」の立ち上げが盛り込まれていた。

　実際に国民文化祭開催の翌年である 1990 年に「埼玉県芸術文化祭」が開催された。国民文化祭を開催した他県でも、その翌年から都道府県独自の芸術文化祭が開催されており、埼玉県でもこの例にもれず独自の芸術文化祭が開催されてきた。埼玉県教育委員会のホームページには、芸術文化祭開催の柱として「①誰でも参加でき、芸術文化に親しむ喜びを共有できる場とする。②ジャンルを超えて互いを高め合う創造と伝統文化の継承の場とする。③事業全体に一体感を持たせ、県全体で芸術文化を盛り上げていく場とする」ことが明示されている[101]。こうした芸術文化祭の方向性や実施事業内容は、国民文化祭を引き継いで芸術文化祭を実施している他県でも基本的には同様である。

　畑は「さいたま 89」開会式において、生活の豊かさへの問い直しを提案した。「緑」を中心とした都市整備を進めることで、人口急増地帯として新たな埼玉県の文化を醸成しようとした。文化活動を県民自らが生み出し、それを人々が鑑賞する機会を設け

たことは、国民文化祭が全国的にもたらした成果である。だがそもそも埼玉県の場合、文化的な視点から行政システム全体を問い直すといった行政の文化化の思想が背景にあったはずである。しかし、現実には当初の理念的背景は影を潜め、形式化された県単位の芸術文化祭が継承されている。

第5節　地域レベルにおける文化行政の意味

　埼玉県政における文化行政は、生活の豊かさの実現や自治権の確立といった、今日でも重要課題となっているテーマに取り組んだものの、次第に開発政策的な側面が前面にでるようになった。これに対して文化行政の理念は、人々の最も生活に密着した市町村レベルにおいて、どのように継承されていったのだろうか。

　文化行政モデル市町村として指定された行田市では、さきたま古墳群だけでなく忍城址整備事業や古代蓮の里整備事業といった歴史的資源を活用したまちづくりを拡大していった。嵐山町では現在でも行政の文化化ブームの時代に立ち上げられた嵐山祭りが継続され、「文化の不毛地帯」と称された白岡市では、駅の自由通路にギャラリーを設置し、現在も市民の作品を展示・鑑賞する場として機能している。

　このようにモデル市町村として指定された自治体では、その後も独自の文化行政が根付き、新たな展開を迎えていった。2000年代に入ってから開催された文化行政の研究会において文化行政の関連事業として紹介された事業は、**表9**に示したとおりである。ここに示されたように、モデルとなった自治体だけでなく、埼玉

川越市	「川越市都市景観条例」の制定、「歴史的地区環境整備街路事業」
所沢市	「建築景観づくりガイドライン」
入間市	文化による街づくり懇話会
行田市	忍城址整備事業、古代蓮の里整備
草加市	草加奥の細道物語として、百代橋橋名由来の建立、芭蕉ツアーの開催、「芭蕉塾」の開設、「奥の細道国際シンポジウム」の開催
越谷市	庁内都市デザイン協議会、伝統文化の振興普及として能楽堂を建設、文化総合雑誌「川のあるまち：越谷文化」
蕨市	ときめき都市賞選定、景観フォーラムの開催、中山道の整備・開発・保全（蕨らしさの創出）、文化活動事業資金の助成
戸田市	文化行政基本構想
桶川市	べに花の郷づくり事業
富士見市	文化の見えるまちづくり構想、サロンコンサート
志木市	いろは文学賞
春日部市	「彫刻のある街づくり」、「春日部サンバ」
深谷市	文化振興市民会議の開催、レンガをいかした駅舎づくり（深谷駅）
三郷市	庁内報「マイフェア三郷」、小冊子「三郷の文化行政〜新しい行政への挑戦〜」、市庁舎を利用した市民ホールコンサート、学校や橋梁などの公共施設デザインに美観性、総合計画や都市計画マスタープランなど各種計画づくりにおけるワークショップ等の参加手法確立とまちづくりの視点確立

表9 2000年代初頭の埼玉県内市町村の文化行政関連事業（田中 2001 より引用者作成）

県内各自治体にも独自の歴史性や社会性を盛り込んだ文化行政の事業が生まれ、横展開していった様子が分かる。

ただし、畑県政下の文化行政推進が、そのままモデル市町村以外の基礎自治体の文化行政に波及していったというような単純なストーリーを描くことはできない。なぜならば当時、全国の自治体における景観行政への認知度の高まりや行政と市民の協働によるまちづくりの展開など、基礎自治体の文化行政推進を後押しする複数の社会的要請が存在したからである。このような文化行政推進に向けた社会的要請の存在を前提としつつも、畑県政におけ

る基礎自治体レベルでの文化行政の推進政策は、あくまで結果論として当初の目的を達成した。

　他方で一見独自の文化行政を展開しているかのように見えても実際には国や県の事業メニューに適合した事業内容に改変され、結果的に補助金頼みの事業に変質している事例も少なくない。また自治体主導の文化事業が、地域の人々の理解や支援を得られず、頓挫したり、当初の理念や目的が失われ、形骸化してしまったりした場合もある。この原因には、その地域の生活者や各種団体、企業といったステークホルダーとの関係構築に困難を抱えていることにある。行政主導の「文化行政」から市民団体などの地域のステークホルダー全体が関わる「文化政策」への転換は、以上のような文化行政の行き詰まりと無縁ではなかった。

　さらに視点を変えると、時代による濃淡はあるものの、戦後一貫して国土開発を推し進めてきた政府と国会議員－地方議会議員の利益誘導型政治が根強く残り、それに期待感や夢を抱く有権者の存在があった。特に住民生活に最も身近な地域レベル（市町村）の文化行政では、利益誘導を前提に新たな開発事業として文化開発が推進される場合もあった。

第6節　文化という名の開発を生んだ"声"

　1980年代後半、地方発の「まちおこし」「むらおこし」運動の活発化と連動するように、竹下内閣における「ふるさと創生」事業や「1省庁1機関の地方移転」といった地方重視路線が台頭した。畑県政もまた地方の独自色を打ち出しつつ、政府・自民党に

よる地方利益誘導政治に呼応したさいたま新都心構想や国民文化祭の開催、彩の国さいたま芸術劇場などの文化施設整備を含む都市整備や文化行政を展開していった。

　埼玉県における文化行政は地方の自己決定権を確立し、国主導型の国土開発に対するアンチテーゼとしての役割を担っていたが、最終的に開発事業と距離を置くことはできず、むしろ畑県政終盤は施設整備を中心とする開発政策的な色彩を強く帯びていった。この傾向は埼玉県にとどまらず、たとえば飛鳥田横浜革新市政が公害防止と同時に臨海開発を進めていったように、革新自治体の政策は決して開発政策と無縁ではなかった。[102]

　では、革新自治体を中心に全国の自治体で展開された文化行政が、同時に開発主義的な色彩を強めた要因は何だったのだろう。最も大きな要因は有権者の"声"だった。「知事を囲む広聴集会」（1973年）の開催に見られるように、畑は積極的に"県民の声"に耳を傾けた。「くらしと余暇利用」がテーマの一つとして掲げられ、動物園や水上公園の整備が議題に上ったことは、文化行政が当初から開発主義的側面を持ち合わせていたことを示していた。さらに、"県民の声"は、県内地方議会における県立文化施設誘致運動のような均衡ある県土の発展への期待をも生み出し、これもまた畑にとっては無視し得ないものだった。

　かつて1950年代末から1960年代に各地方の開発を望む"声"に後押しされて「〇〇地方開発法」が成立したように、「上から」の開発の押し付けだけではなく、「下から」の要望によって文化施設の設置が進められた。この両側面の"声"に配慮した畑の政策は、政権の安定化に寄与したものの、開発政策に足元をすくわ

れるように最後は畑の実弟を含む建設業者による談合事件を契機に畑が政界引退に追い込まれた。

つまり文化行政が、開発政策と対極的な「革新」や「文化」といったキーワードを掲げていても、結局首長や市民が自らの地域への利益誘導を図る「陳情政治文化」に由来する"県民の声"に押され、戦後の国土開発政策の本質を変革するものではなかった。

では畑が県政の座から降りれば、開発政策への傾注は終焉を迎えたかといえば、そうではなかった。むしろ埼玉県政は、さらなる開発政策を推進する方向へと向かっていった。畑の後埼玉県政を引き継いで知事の座に就いた土屋は、さいたま新都心の総仕上げをはじめ、各種のハコモノ行政を展開していった。その結果、畑県政末期の 1991 年度末に 7,210 億円だった県債残高は、土屋県政が成立して 4 年後の 1995 年末には 1 兆 4,030 億円に膨らんだ（横田 1997：56-57）。

決して畑だけがその政権終盤に開発重視の政策に偏ったのではなく、土屋県政の時代を含め、埼玉県はバブル経済の時流に乗った開発政策の大きな潮流に好むと好まざるとにかかわらず巻き込まれていった。畑に「開発の時代じゃないし、重点を置く必要はないよ」（サンケイ新聞自治問題取材班 1973：213、傍点引用者）と言わしめ、県民文化の醸成や都市空間における自然環境の保全、地方の自己決定権の確立などの優れた政策理念を「行政の文化化」の名の下に掲げた埼玉県政が、従来の大規模なインフラ整備を伴う開発政策へと回帰してしまった背景に存在した"県民の声"とは、時代とともに変質したというよりは、むしろ最初から存在し、幾層にも折り重なる"県民の声"の一部を構成していた。

では具体的にその"声"の主は誰だったのか。これまで本書で見てきたのは、文化の名の下に政策を実行する為政者の物語だった。だが政策はその実行者の狙いだけで方向性が決定し、実行に移されるわけではない。有権者として政策の賛否を表明し、その結果を受け取る側の思惑が当然介在する。特定のイデオロギーに影響されない「県民党」を掲げた畑県政であれば、なおさら"県民の声"は無視し得なかった。ではこの問題は、当時の埼玉県に限定された特殊なものだったのだろうか。

　市民参加や市民協働などを掲げ、行政だけでなく市民や地元企業を含めた地域の多様なステークホルダーが地域の政策を決定しようとする今日にあって、その基本的な傾向は変わっていないとすれば、普遍的な課題として私たちの目の前に存在するはずである。そして、市民参加や市民協働に存在する"声"の中に開発を求める心情が内在するなら、これからの文化を掲げた政策が具体的な事業として常に表出する可能性を秘めているのである。

終章　文化開発は何をもたらしたのか

1980年という年を境にして埼玉県の文化行政は開発主義的様相を帯びていった。それは、戦前・戦中から続く国土開発の流れと符合するものだった。本章では、事例分析に基づくこれまでの議論を総括した上で、文化行政が開発主義的に変質していった要因を探ることにしたい。

第1節　戦後の文化開発の着地点

　戦前・戦中の植民地政策と一体となった国土開発が、公害などの環境問題を引き起こす中で、公害対策などの生活に寄り添った政策を打ち出した革新自治体が多くの人々の支持を受けた。革新自治体に対抗するように、政府は住宅や保健、公衆衛生を重要課題と捉えた社会開発を掲げた。ところが社会開発の実体は、従来の国土開発だったことが判明し、社会開発は批判の的になった。社会開発批判とモノの豊かさを重視する世論の変化とが相俟って、地方を中心とした文化的で豊かな生活を実現しようとする文化開発が登場した。1964年の東京五輪や1970年の大阪万博といった文化イベント、文化施設ネットワークの整備は、豊かな文化環境を構築する文化開発の発露として実践されていった。しかし、その後「たくましい文化」や「ふるさと創生」とともに再び開発重視路線が前景化していった。都市の再生とともに地方活性化を実現するという"玉虫色"の開発政策は、開発によって地域社会が再生されるという国民の期待感に後押しされたものだった。

　埼玉県のような革新自治体が掲げた文化行政は、戦中から継続される国土開発路線と一線を画し、人々の生活の質向上を目指す

ことで支持を得ていった。その支持者とは埼玉県の旧来の住民だけでなく、新たに移住してきた"埼玉都民"も含まれていた。辛亥銘鉄剣をめぐる文化財活用事業のように、文化行政において文化財は地域イメージ形成や新旧県民意識の統合に活用されていった。

　この間、畑が社会党を離党するとともに「県民党」を掲げて脱イデオロギー化を図りつつ、埼玉県の実情に合わせた地方政治を意識したことと行政の文化化という理念は合致した。行政の文化化の理念に沿うように、県民の文化活動に対する積極的な参画を踏まえ、博物館や図書館、文化会館などの文化施設を県内各地に配置し、地域的な偏りのない県民の文化環境整備が図られた。本庄文化会館に代表されるように文化施設整備事業では地域の歴史や文化を踏まえたデザインを施すなど、歴史性や文化性に根差した地域イメージの再構築が図られた。

　文化施設整備事業と並行して、「ふるさと埼玉の緑を守る条例」制定に象徴されるような、人々の生活領域と密接な関係にある「緑」の保全にも畑は乗り出した。従来の文化財保護政策に則った凍結型保存ではなく、「緑」と一体化した良好な生活空間を営むという政策的意図は、行政の文化化を前提とし、「トトロの森」や「野火止用水」といった総合的な環境保全に大きく貢献した。

　ところが、1980年代末から90年代にかけて国民文化祭のような文化イベントの開催、さいたま新都心や彩の国さいたま芸術劇場の整備といった大規模開発事業に埼玉県が乗り出し、当初の行政の文化化理念を掲げていた文化行政とは趣を異にしていった。中曾根政権や竹下政権の国土開発重視の政策とも深く連動した畑

県政末期の文化行政では、国家レベルよりもむしろ、地方レベルの方が開発欲望をむき出しにしていった。国家レベルでも地方レベルでも開発政策を批判的に捉え、そこから距離を取ろうとしても結局のところ元の開発政策に戻っていってしまう。そこには開発に豊かさや希望、夢を求めるイデオロギーとしての開発主義が付きまとってきた。行政の文化化に見られるような文化行政の推進は、それまでの開発主義を問い直すものとして人々に期待されたものの、従来の開発政策と結びつきながらいつの間にか批判の対象であった開発主義の側に取り込まれていった。そして本書の冒頭で述べた東日本大震災の復興事業の仕上げとしてのミュージアム群建設を例に挙げるまでもなく、今日に至っても開発主義の延長線上としての文化開発の系譜は途絶えていないのだ。

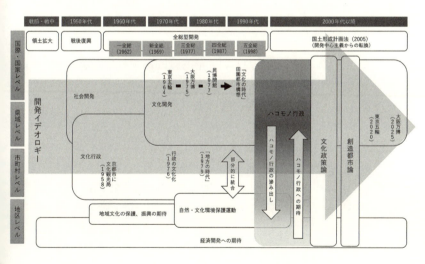

図9　文化開発の概念図

地方レベルにおける文化行政は、県域レベルでの文化行政に関する問題意識を継承し、住民の身近な生活空間を文化の視点から問い直すという観点で、基礎自治体レベルでの展開が試みられた。この発想自体は、地方の自立的経営を目指す分権型社会において重要な視点であることは言うまでもない。行政の文化化が県域レベルで主唱されて以後、各市町村で独自のまちづくりが生まれ、その一部は現在でも継承されていることからは、行政の文化化運動が一定の効果を上げたと評することができる。

　他方で、これらの事業は、その後の「まちおこし」「むらおこし」、さらには「地方創生」に至る地方活性化政策の流れの中で、文化事業に対する補助金メニューに沿った改変がなされていった。結果的に自治事務として自治体独自の政策であるはずが、定型化、画一化され、同形式の事業が地方に溢れた。均質化された国土の形成という側面は、文化開発という名の国土開発であった。

第2節　なぜ文化行政は開発主義的になったのか

第1項　開発を望み、後押しする"声"

　本書では文化開発の一つの事例として埼玉県を捉え、文化開発が戦後の均質的な国土開発の系譜上に位置づけられることを確認した。文化が政治に利用されてきた戦前・戦中とは一線を画し、戦後日本社会では文化と政治は一見無関係のように見受けられる。しかし本書が明らかにしたことは、決して両者は無関係ではないどころか、むしろ開発という文脈の中で常に密接な関係に置かれてきたということである。無関係さを装い、政治から最も距離を

置く(と見られがちな)文化を前景化させることで、開発の政治性を覆い隠してきた。文化と政治の関係を隠匿することは、高度成長期以降の開発批判を回避しながら開発事業推進の原動力となった。

畑県政期の文化行政は行政の文化化を掲げ、行政組織全体を文化的な視点から問い直そうとした。それ自体は今日の文化政策にかかわる行政システム改革に対して有効であり、開発主義を後押しするものではない。だが、80年代末から90年代にかけて行政の文化化理念が議題に上る機会は減少し、文化に関わる開発事業へと政策課題が集中していったことは、畑の政治理念とは無関係に文化行政を開発事業へ衣替えせざるを得なかったことを示していた。畑自身の宗旨替えというよりは、有権者である地域の人々が開発主義的な文化行政を求めた結果であり、国レベルでの「上から」の開発政策の押し付けだけでなく、地域の人々が追い求めた「下から」の開発を望む"声"への適応だった。

図10のとおり、戦後の公選制スタートから1970年代までの投票率は比較的高い値で推移し、県民の県政に対する注目の高さを物語っていた。特に1972年から20年間の畑県政のうち前半は高い投票率を示し、1976年は無投票、1980年は82％以上の得票率で圧勝した畑に特に期待が集まっていたことがうかがえる。一方でNHK放送世論調査所による全国調査の結果によれば、県の政治に関心を持つ人の割合は、1978年調査で6.5％（全都道府県中47位）、1996年調査で7.3％（全都道府県中40位）（NHK放送文化研究所編1997）と決して高くはない。畑人気という特異な状況はあったものの、基本的に県民の地方政治に対する関心度はあ

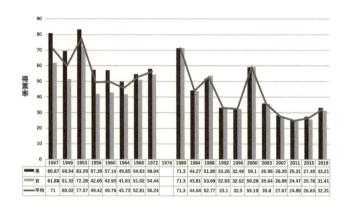

図10 埼玉県知事選投票率の推移（1976年は無投票）

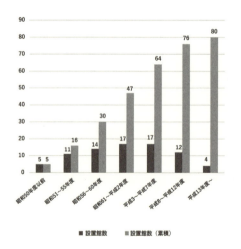

図11 埼玉県内市町村立博物館設置件数の推移（埼玉県教育局生涯学習部文化財保護課（2005）『県立博物館施設再編整備計画』p.33 県内市町村博物館の設置状況の推移より引用者作成）

まり高くなかったのである。

　加えて興味深いのは畑県政後半において徐々に県知事選の投票率は下落したが、これは開発主義的な要素が前面に押し出された時期と重なっていた。2000年県知事選で約6割の投票率を示したことを除けば、投票率は全体的に低落傾向で推移し、今日に至っている。

　比較的低い得票率の中で県事業として大規模な開発事業が展開されたことは、少数の開発を望む"声"の割合が相対的に高くなった結果とも言える。他方で、地方政治に対する無関心層の存在があり、結果的にこうした人々は投票所に足を運ぶことなく、県が推進した都市開発などの整備事業を暗に支持した。開発政策への回帰に対して、それまでの文化行政の視点を盛り込むことで、開発政策への批判を回避することができる。これが開発政策を望む「下から」の"声"の正体であろう。

　畑が県知事選の中で獲得した票のすべてが文化行政への支持を表しているとは言えないものの、行政の文化化を掲げ、行政組織や事業を文化的視点から問い直そうという試みは県民の一定の期待を背負っていた。文化財を用いた新旧県民の共通した郷土意識の形成もまた、地方政治や地方行政に無関心な「埼玉都民」を「埼玉県民」として取り込もうという意図として一定程度県民に支持されていた。

　だが行政の文化化理念に基づく新たな事業は、人々の目に見える、分かりやすいかたちとして提示されることは少なく、公共物のデザイン性や新奇性にばかり注目が集まる中で、次第に理念自体は人々に顧みられなくなっていった。常に存在してきた開発事

業を望む人々の声は、国家による国土開発の復活と相俟って、県政にとって無視し得ないものとなるとともに開発主義的な色彩を強めていった。同時に、市町村レベルにおいても文化施設建設ラッシュを迎え、県主導の文化開発の意義が問われていった(図11)。

かつて三全総のモデル定住圏として指定された両磐モデル定住圏において、市町村が「モノ、ウツワ」(本間1992：136)の造成により住民の支持を得ようとしたように、政策理念自体が高邁であっても現場レベルに落とし込まれた段階で開発主義的様相を著しく帯びてしまう。この現象は埼玉県を含めた1970・80年代の地方自治体による文化行政でも共通し、否が応でも開発主義偏重へと戻って行ってしまった。文化というキーワードは行政システムを改革し、一人ひとりの生活の質を高めるはずだったが、現実は開発を強力に後押しする原動力となっていった。

第2項 「物語」の大きさと「居住民」「利用民」

では、なぜ県政という場において文化は最も開発主義的な様相を帯びることになったのだろうか。

第一に、そもそも論者によっては、文化開発の中に新たな消費喚起としての役割を期待する者もあった。評論家の日下公人は、次のように述べている。

> シャンデリアも、じゅうたんも、シャワーも、クーラーも、自動車も買ってしまって、これ以上、特別買いたいものがない。買っても、初めてのときのように「やっと買えた。ああ幸せだ！」と感じることが少ない。つまり一般家庭でも、これ以上

金の使いようがないという意味で、現在は文化不足なのである。
したがって、産業の時代が終って、文化の時代に入り、文化を開発しなければならない（中略）
文化開発をやれば、国民に消費意欲が起こってくる。住宅も、自動車も、クーラーも、シャンデリアも、じゅうたんも、水洗トイレやシャワーも持っている。
だが、もっと欲しいものが出てくれば、金が欲しい、所得がもっと欲しいということになり、勤労意欲、勉強意欲が出てくる。（日下 1980：51-52）

　一人一人の生活実態に即した豊かさの実現は、個人消費と結びつけられていた側面があった。行政の文化化の四要素に代表されるような人間性や創造性のような内面的豊かさではなく、個人レベルでの物質的豊かさを追い求めるのが文化開発の実体だった。これまで多くの文化行政論者は、「モノの豊かさ」から「ココロの豊かさ」への国民意識の転換を文化行政登場の背景の一つとして捉えてきた（**図12**）。だが、実際に人々が求めたのは、ココロを豊かにしてくれるような、さらなるモノの豊かさだった。

　このココロの豊かさを実現するためのモノの豊かさは、文化施設のようなハコモノ作りへの渇望と深く結びついていた。開発主義は国家を単位とする政治経済システムであるが、文化と結び付けられた文化開発では、個人単位のような、より小さな枠組みで展開された。

　第二に、では文化開発を担う小さな単位とは何か。社会デザイン研究者の三浦展は、消費社会論を展開する中で次のように述べ

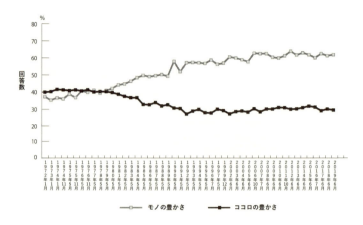

図12 「モノの豊かさ」か、「ココロの豊かさ」か意識調査（1972〜2019年）
（内閣府『国民生活に関する世論調査』より筆者作成）

ている。

> 京都や奈良の文化に代表されるような、抽象化された「日本」や「経済大国」としての「日本」が「大きな物語」であり、個人の「自分らしさ」が「小さな物語」だとすれば、地域への「誇り」を土台とする物語は、大きくも小さくもない「中くらいの物語」だと言えるかもしれない。しかしそれは、「自分らしさ」という極小化された物語などよりは、はるかに確かな歴史があり、「正統性」がある。そういう物語を人々は求め始めているのではないか。（三浦 2010：103-104）

「日本」というあまりに「大きな物語」では、人々は生活に即

した文化を実感として感じ難い。かといって「自分らしさ」の演出は、個人的な趣味・嗜好の範囲内で完結し、たとえ広がりを持ったとしても同じような趣味・嗜好を持った人々との極めて閉じたコミュニティの中に限定されてしまう。これに対して、リージョナル（県域）や基礎自治体（市町村）レベルのような「中くらいの物語」は、各人のルーツや誇りと紐づけられ、地域独自の歴史や文化といった集合的な記憶を形成しやすい。つまり文化開発にとって、ちょうどよい大きさなのだ。畑をはじめとした革新自治体の首長が地域住民の間に文化的なアイデンティティを構築しようとしたのは、まさに「中くらいの物語」の意味を積極的に捉えていたからである。

その反面、人々は「中くらい」の手の届きやすい物語を、国家のような「大きな物語」や個人の「小さな物語」以上に、良くも悪くも思いのままに自らの意図を反映しやすい「想像の共同体」と捉えてしまう。もちろん手の届きやすさは、自ら治めるという意味での自治そのものなのだが、実際には人々が置かれている現在地にきちんと向き合わないまま、理想という名の幻想だけが先行しがちである。この幻想に依った有権者の意向が、地方政治に反映される中で文化行政でさえ開発主義的な様相を帯びてしまう。

たとえば、白岡市の文化行政において「文化の不毛地帯」という言葉が頻繁に使われたように、発展は一定の方向へ向かうべきものだという人々の思い込みが背景にあった。文化はそれぞれ地域ごとに異なるがゆえに多様性を持ち、その間に優劣はない。にもかかわらず他と比べて遅れている、あるいは何もない（と思い込んでいる）ことへの焦燥感から、人々は競い合うように「下か

ら」開発を望む"声"を発し、より多くの文化施設の整備や文化事業の立ち上げを求めてしまう。その競い合いの上に豊かな未来の実現という幻想を人々は抱くのだが、実際にはそのようなものは存在しない。初めから存在しえないものを追い求めるがゆえに、永遠にその追及は終わらない。文化行政が開発主義に陥ってしまった要因の一つは、人々が自らの足元の社会の姿を見過ごしたまま、幻の豊かさを追い求める声に追随せざるを得なかったことにあった。

同様の開発政策を望む"声"は、梅棹が文化開発論を展開した都市の一つである大阪でも認められた。梅棹は定住市民が減り続け、「居住民」から「利用民」の都市へと変化しつつある大阪には、品格を高めるための文化開発が必要だと説いた。実際に文化開発として、国立民族学博物館、国際東洋陶磁館、国際文化スポーツホール、大阪国際児童文学館、国立文楽劇場などの巨大施設が、大阪の品格向上に寄与するものとして誕生した。

文化芸能評論家の木津川計は、大阪の文化開発に対して、「大阪のイメージは高まらず、逆に低下している（中略）ハードウェアーの充実だけでは都市の"品格"は高まらないことを大阪は証しているのであって、文化のソフトウェアーを軽視しては、都市の合理的なプレステイジ（威信）、その確立には至らない」と批判した。木津川は続けて、「生活不在の「利用民」だけを想定しては、生活の中の「居住民」は疎外される。生活や地域に密着した文化施設の多様な展開と、その利用を通じて全体として高まる市民の文化性や人間性が大阪像を内発的に高めていく」と述べた（木津川 1986：50-51）。

その後、人々から木津川の批判が顧みられることは無かった。開発主義的な本音を糊塗しつつ、都市の品格という輝かしい未来像を提示する文化開発の手法は、2025年の大阪・関西万博をめぐる言説の中でも認めることができる。大阪商工会議所の鳥井信吾会頭は、朝日新聞の取材に対し、次のように語った。

> 今の社会課題を提起し、世界に発信することで、大阪や関西、日本の価値が上がるのではないでしょうか。大阪の『都市格』を上げるチャンスです。都市格を高められれば、レガシー（遺産）になります[103]

　都市の品格を求め続ける「下から」の声とは、生活者の視点から生まれたものではなく、都市を設備などが整った便益集合体と見なす「利用民」の声だったのではないか。「利用民」が、自らの都合に適合させようとする利用価値の視点で文化開発を捉えれば、当然、行政の文化化の理念自体は形骸化され、開発だけが追及される。その開発によって得られる豊かさの分岐点は、都合よく利用できるか、否かにあった。そこではたとえ居住していても強く生活感を実感できないという矛盾をはらみつつ、「中くらいの物語」としての手の届きやすさが重要であった。
　「中くらいの物語」に開発主義が前景化するのは、何も過去の話ではない。冒頭の東京2020オリンピック・パラリンピックという「大きな物語」が、双葉町の復興という「中くらいの物語」に落とし込まれた事例を思い出してみたい。必ずしも実態は追いつかないまま復興完了イメージが人々の間に浸透していった。

「大きな物語」の中に豊かさの幻想を追い求め、それを「中くらいの物語」に当てはめようとする心性は、今日至ってもなお途切れてはいない。

第3項 幻想と理想

　では、豊かさ幻想を追い求めてしまう対象とは、当時の埼玉県にとって何だったのか。それは、「中くらいの物語」よりもやや大きな「東京という物語」であった。1973年に開館した行田産業文化会館が、「県中央や東京に出かけなければ触れることのできない催し物」（傍点引用者）を開催する場としての機能を期待されていたように、文化開発は「東京という物語」への憧れと無縁ではなかった。また、1979年のNHK『全国県民意識調査』に「今住んでいる所は住みよいところだ」と回答した割合が全国で最も埼玉県が低かったこと、それに対して「東京には人々の夢を満たしてくれるような魅力を感じる」と回答した割合が全国3位と極めて高かったことは、自らが居住する地域を良しとせず、理想を東京に追い求める当時の埼玉県民の意識を物語っていた（NHK放送世論調査所編 1979：138）。

　ここで冒頭で紹介した畑の発言を思い出してみよう。埼玉を「ねぐら地帯」から脱却させ、人々が東京へ向かわずとも「そこに住む人々が、そこで働き、学び、憩える場」（畑 1982：142）に変えていくことが、文化行政の目的の一つだった。しかし、それは東京並みの生活の質を実現するための"理想の"環境整備に他ならなかった。文化施設の整備とともにイメージとしての東京をモデルとした煌びやかな都市化の演出。これこそが、リージョナ

ルレベルで進行した文化開発の正体だった。

　"理想の"環境としての「東京という物語」は、何も埼玉県に限ったことではない。その東京自体が「東京という物語」を追い求め続けている。東京都では2010年代に入ってもなお人口増加が続いているが、建物の新規着工は総量で横ばい状態にある。渋谷や池袋のような派手な再開発が続いているようだが、東京都全体では大きな変化ではない。「変わらなくなっている」東京に、それにふさわしい魅力をどのようにつくりだし、また人の暮らす都市として長持ちをさせていくか」に論点が移っているのに、「派手な開発を求める心性だけはなぜか強化されようとして」いる（町村 2020：141）。

第4項　「ダサイタマ」という自画像

　「東京という物語」は、埼玉県に住む人々にとって、東京と比較して、自身が暮らす埼玉をやぼったく、カッコ悪いものとして自虐的に捉える「ダサイタマ」という流行語を生み出した。

　畑が四期目の選挙の際に、ダサイタマ論争が起きた。コメディアンの所ジョージが、埼玉県をダサイタマと呼んでジョークのネタにした。これにより、「「埼玉はダサイ」というイメージがいっそう定着した。すべてが東京指向で、悪くいえば東京の亜流、埼玉のオリジナリティがないといわれる」（上之郷 1988：67）ようになった。つまり埼玉のイメージは、「東京という物語」との対比が前提だった。

　「ダサイタマ」流行開始の時期は、「おしん」「積木くずし」などとともに83年頃とされる（鬼田 2008）。この時期はYOU And

Iプランが登場し、それまでの文化行政が開発的性格を前景化させる時期と重なる。YOU And Iプランは単なる都市開発にとどまらず、埼玉県が東京に対する依存度を低減させるとともに、自立的な経済・文化を確立し、「「ダサイ」といわれる埼玉のイメージを一掃しようとする意図」が含まれ、「県民が誇りと愛着を持って経済・文化活動ができる都市づくり」（矢田 1988：259）を目指すものだった。水面下で駅前住民を中心に、「西武を中心とする再開発の動き」「高島屋を中心とする再開発の動き」「帝国ホテルまでくるらしい」（矢田 1988：260）といった噂話まで飛び出した。

　東京をモデルとする開発を望む"声"を背景に、埼玉県による都市の再開発は、「ダサイタマ」に代表されるマイナスな地域イメージ払しょくという役割を掲げつつ、畑県政から次の土屋県政に継承された。土屋県政において、「ダサイタマ」に対抗するキーワードが、「彩の国さいたま」だった。アナウンサーの福島敦子との対談でダサイタマについて話を向けられると、土屋は次のように語った。

　　土屋　　だから、知事に就任してまず取り組んだのが"ダサイタマ"の返上だったんです。県の愛称を県民から募集して、"彩の国さいたま"って就任以来ずっと言ってきて、最近はずいぶん浸透してきましたよ。
　　福島　　"サイ"の国ですか。
　　土屋　　動物の"サイ"じゃないよ、いろどりの"彩"だよ。それに埼玉県が住みにくかったら、700万人も住むわけないじゃないですか。昔は埼玉県民も東京志向だったかもしれない

けれど、県民芸術劇場を造って、演出家の蜷川さんに協力してもらって素晴らしい演劇を上演したり、ジョン・レノン・ミュージアムを造ったりして、埼玉県発の文化もいろいろ創造しているんですよ。さいたま新都心に来てみてくださいよ。
(福島ほか 2002：64-65)

　文化開発は新たな地域イメージを根付かせ、東京に向かう人々の意識を居住地に向かせるという看板を掲げながら、ハコモノ建設へと傾注していった。この表向きの看板を支えるのが「東京という物語」だった。先述の福島との対談の最後に、土屋は次のように発言した。

　　土屋　　ハコモノはもう終わりです。(福島ほか 2002：64-65)

　ハコモノ重視の政策の終焉を語った土屋県政が残したのは、埼玉県財政を圧迫する多額の債務という皮肉な結果を生んだ。そればかりか、文化による開発によって払しょくに躍起になったダサイタマは今なお生きている。
　2019 年に公開された映画『翔んで埼玉』は、1982～83 年に発表された魔夜峰央の漫画を原作とし、興行収入 37.6 億円を記録した (渡邊 2020：6)。原作の発表は、「ダサイタマ」論争が生まれ、それを県行政が中心となって打ち消そうと都市再開発に邁進していった時期にあたる。それから 30 年以上の時を経て、本作が 2019 年のアニメを除く日本映画で興行収入 2 位を記録したことは、多くの人々に自虐的な面白さが受け入れられた証であろう。

埼玉県が文化開発によって意図的に生み出そうとした文化とは正反対に、「東京という物語」を追い求めてしまう「ダサイ」心性そのものを笑い飛ばす姿勢が醸成されたことは、地に足の着いた文化が生まれたと言えるのではないか。

第3節　文化開発のこれから

　行政の文化化は地方分権化や行政改革、行政以外の地域内ステークホルダーとの協働など、今日の地域政策を問い直す上で重要な示唆を与えてきた。その意味で行政の文化化の理念は、現在でも色あせることなく、常に参照されるべき文化政策史の一つである。

　しかし、実際の行政の文化化理念は、畑が主唱した埼玉県においても必ずしも具現化したとは言えない。その原因を本書は、投票率の推移を手がかりに「下から」の声の変化に求めた。「下から」の声の変化は決して開発政策を望む声が突如として発生したことを意味するのではなく、常に存在してきたが、行政の文化化理念に共鳴する人々が県行政に対する関心を失う中で相対的に前景化していった。

　今日の持続可能な開発やSDGsへとつながる日本を含めた新しい開発主義のかたちもまた、環境保護などの政策と共鳴しながら「下から」の開発を望む声によって推進されている。はたして今日の「下から」の声は、純粋に持続可能な開発目標に共鳴した人々だけのものだろうか。ラトゥーシュが、持続可能な開発について「形容詞の付かない単なる開発や従来型の経済成長とは違う

ように見えても、持続可能な開発は堅固な経済成長を前提としている」(Latouche 2019〔ラトゥーシュ 2020：38〕)と述べたように、文化行政と一体となった文化開発もまた従来の経済成長を前提とする開発に他ならない。文化開発は文化による新たな開発を演出すると同時に、開発を容認し、そこに夢や希望を抱く文化を創り出すことに成功した。社会開発と文化について研究する阪本久美子が、「国家や支配者も、開発をもたらすナショナリズムを作り出すために、国民文化を創造する」(阪本 2020：109)と指摘したように、日本国内に限らず、ナショナルなレベルにおいても文化開発が創り出す"開発文化"が近代社会の基底の一部を成してきた。そして、それは今日に至っても本質的には変わらない。

　本書の結論に基づいて、私たちが為すべきことは、不可視化されている開発文化を常に注視し、そこに含まれる課題を議論する姿勢である。筆者は何も社会運動を新たに立ち上げるとか、政治活動を始めるといったことを提案したいのではない。少なくとも住民生活に身近な文化と政治の関係に目を向けつつ、有権者として投票することはできるはずである。文化開発を開発幻想から解き放つことができるか、否かは、私たち自身の手にかかっている。

注

1 『朝日新聞』2024 年 4 月 14 日朝刊。
2 『朝日新聞』2024 年 1 月 11 日朝刊。
3 第 187 回国会　参議院　本会議　第 1 号　平成 26 年 9 月 29 日。
4 ここでいう「心性」とは、数世紀にわたる長期的な社会変動によって変化するものである。事件や社会現象によって短期的に変化しやすい「心情」は、「心性」と対照的な意味を持つ。本書では、「心性」と「心情」をこのように使い分け、特に近代以降引き継がれてきた開発への期待や諦めを「心性」として捉える。小熊もまた、「心性」と「心情」を明確に切り分け、後者を中心に論じている（小熊 2002：20）。
5 末廣は、特定の国家目標に向けて国民を動員していくためのスローガンとしての開発を「ひとつの政治イデオロギー」と呼んだ。
6 小谷は、東日本大震災の被災により用具などが破損・散逸した「雄勝法印神楽」を再興しようと住民が立ち上がったことが復興に寄与した石巻市雄勝地区の事例を取り上げた。無形文化財は人々の心の拠り所として、災害復興を促す可能性がある（小谷 2014）。
7 青山学院大学准教授中村美帆氏のご示唆による。
8 『読売新聞』1938 年 2 月 3 日。
9 第 1 回国会　衆議院　文化委員会　第 16 号　昭和 22 年 12 月 2 日。高橋長治の発言。
10 第 48 回国会　衆議院　決算委員会　第 22 号　昭和 40 年 4 月 13 日。吉野文六の発言。
11 ナチスドイツ時代の国家整備省は、国土計画に基づいてアウトバーンや軍事基地などの用地の確保や整備のほか、ルール工業地帯の開発などにあたった。
12 国土計画設定要綱は、食糧や軍需資材の自給、防空、人口政策といった軍事的・物動計画的な色彩が強いものだった。
13 資源委員会の系譜は、現在文部科学省資源調査会として存続している。

14 下河辺は工業開発に関わる国の立場として、「何となく、かゆいところに手が届かないし、本当はこうしたいと思うことが、その通りにいかないこともある」と述べ、国の政策と実態としての開発との違いについて示唆している(エコノミスト編集部 1984：109)。

15 第47回国会　衆議院　本会議　第3号　昭和39年11月21日。

16 千田は、社会開発を「産業公害、交通戦争、住宅、過密都市など、高度成長にともなってようやく問題になり出していた国民生活のうえの"ひずみ"の問題をとらえての政策論」と位置づけた(千田 1987：122)。

17 土屋清は、社会開発について「ではこれからの国土開発をどうするか。それは社会開発だということで、それが三全総になった。工業だけではない、もっと広い文化的な社会開発をする。定住圏構想とか。僕はこれはいいと思う」と語った(エコノミスト編集部 1984：124)。

18 田中は、都市政策を日本の内政の基本と定め、自らの事務所の秘書を中心に調査・研究に乗り出した。その秘書として抜擢されたのが、早坂茂三と麓邦明だった(下河辺 2016：103)。

19 村井は、社会開発論が人々の注目を集めなくなった理由として、政権が沖縄返還や学生運動といったより優先度の高い課題と向き合い始めたことに求めている(村井 2013：16)。

20 田中は、新二十五万人市を日本列島改造の中核と位置づけ、新二十五万都市には、「学校、総合病院やコンサートホール、デパート、専門店街、映画館、ボーリング場などを大都市と同じようにワンセットそろえる」必要性を訴えた(田中 1972：163-166)。

21 古都における歴史的風土の保存に関する特別措置法(古都保存法)は、「古都」における「歴史的風土」を後世に引き継ぐべき国民共有の文化的資産として保存するための措置を定めている。区域内での開発行為の規制等により古都の歴史的風土の保存を図ることを目的としている。

22 戦後間もなく全国9都市で観光関係特別都市建設法が制定された。この法律は当時GHQの占領下に置かれていた日本において、国際観光による外貨獲得、在留米国人への保留地提供を目的としていた(高橋ほか 2003：571-576)。

23 　京都市 HP（https://www.city.kyoto.lg.jp/sogo/page/0000184650.html 2021 年 10 月 9 日参照）。

24 　森啓は文化行政史を整理する中で、高山による京都市での文化行政を文化行政史の最初期に位置づけている。その後、1966 年に蜷川京都府知事によって知事部局に文化事業室が設けられ、1971 年に山本宮城県知事が県民課に文化振興係を設置した流れへとつながっていった（総合研究開発機構ほか編 1979：233）。

25 　梅棹は 1978 年に公営企業金融公庫の特別研修会にて「文化開発論」と題する講演を行った。講演の中で梅棹は、「文化開発ということばですが、じつはこのことばはわたしの造語であります」と語っているように、文化開発という言葉は、梅棹の認識では梅棹自身の手によるものだった（梅棹 1993：8、473）。

26 　1964 年 7 月、日本民族学会、日本人類学会、日本考古学協会、日本民俗学学会、日本民族学協会は、「国立民族研究博物館設置」に向けての要望を文部省等に対して行った。

27 　1935 年には、渋沢敬三と白鳥庫吉を中心に財団法人日本民族博物館の設立が計画された。

28 　国立民族学博物館 HP（https://older.minpaku.ac.jp/aboutus/history 2021 年 10 月 15 日参照）。

29 　当時「難民の定住化問題」のように「定住」という言葉は、あまり肯定的なイメージを含んでいなかった。そこで、「中国の南宋の時代に「人は秋鴻に似て定住なし」という漢詩があって、この定住ということに注目」して、定住圏という言葉を用いたという（下河辺 2016：156）。

30 　第 87 回国会　衆議院　本会議　第 2 号　昭和 54 年 1 月 25 日。

31 　1960 年 1 月に結党された民主社会党の綱領案に、地方文化の問題が扱われていたことを受けての梅棹の論説（梅棹 1993：60）。

32 　関西文化学術研究都市構想の詳細については、石川敬之（2016）および石川敬之（2017）を参照のこと。

33 　総国分寺－国分寺構想の構想は、小松左京のアイディアを核としながら、その後国土庁事務次官であった下河辺淳を中心に議論を重ねた結果生まれたものだった（梅棹 1980a：109）。

34 梅棹の総国分寺－国分寺というアイディアに対して、大平は「きみの計画はたかくつくからな」と言いながらも強い関心を示していた。大平の反応から梅棹も構想の実現を予感していた（梅棹1993：64）。
35 第97回国会　衆議院　本会議　第3号　昭和57年12月3日。
36 第102回国会　衆議院　予算委員会　第6号　昭和60年2月7日。
37 『日本経済新聞』1986年12月18日地方経済面 近畿。
38 『読売新聞』1987年3月10日朝刊。
39 『朝日新聞』1987年5月29日朝刊。
40 『朝日新聞』1987年12月08日朝刊。
41 第110回国会　参議院　決算委員会　閉会後第2号　昭和62年11月13日。
42 第110回国会　参議院　決算委員会　閉会後第2号　昭和62年11月13日。
43 『朝日新聞』1991年12月21日朝刊。
44 「地方自立の呼び水になるか　カネ配りだけ先行　ふるさと創生」『週刊アエラ』1989年1月31日。
45 『朝日新聞』1988年2月1日朝刊。
46 『朝日新聞』1989年9月27日朝刊。
47 『朝日新聞』1994年6月17日朝刊。
48 『日本経済新聞』1994年5月12日地方経済面 北海道。
49 『日本経済新聞』1998年4月15日地方経済面 四国。
50 『朝日新聞』2005年2月23日朝刊。
51 『朝日新聞』2008年8月14日朝刊。
52 なお郊外の人口は、1990年代に1,688万人、2000年代に1,809万人に増大し、人口規模の拡大スピードは鈍化傾向にある。これに対して90年代から都心回帰の動きが生まれ、東京23区内での人口増加の動きが近年顕著となっている。
53 「新憲法」という表現自体、革新首長の発言に特徴的なものだった。
54 『朝日新聞』1990年5月11日朝刊。
55 『朝日新聞』1992年3月6日朝刊。
56 『朝日新聞』1992年3月12日朝刊。
57 『朝日新聞』1992年3月12日朝刊。

58 元内務省官僚であった山本壮一郎は、当初自民党公認であり、革新政党の支持を受けた革新知事ではない。

59 宮城県会議録（1981）『6月定例会（第195回）』6月26日第3号。山本壮一郎知事の答弁。

60 神奈川県民ホールの管理運営は、1994年より神奈川芸術文化財団が担っている。

61 神奈川県庁の高橋雅雄も同様に「1%システムそのものによる文化性が投入された施設が出現する効果もさることながら、この制度によって、これまでこのような仕事をしたいと願っていた職員の希望がかなえられ、意欲的になった効果は大きい」とその庁内組織活性化のメリットに言及した（高橋1979：35）。

62 山田は建物やその周辺にデザイン性や美観性を取り入れることに賛意を示す一方、それが知事を本部長とした文化行政機関の重要施策として建物のデザイン性付与が取り上げられているのは、「泰山鳴動してネズミ一匹」と述べ、施策レベルでの文化行政に疑義を呈した（山田1979：27-28）。

63 1968年の知事選で四期目の当選を果たした栗原浩は、選挙期間中に開発構想による県民所得の倍増や県民生活の安定、都市と農山村のそれぞれの社会環境の整備などを掲げていた。しかし選挙期間中に栗原は、埼玉県民が多くの新住民を擁する県南部とそれ以外の旧住民とで二分され、これまでのような地域社会の捉え方が通用しなくなったことを語っていた。すでに1960年代後半の埼玉県では農業主体から工業主体へと移行し、都市住民が増大していく中で、画一的で開発主義的な県政が求められなくなっていた。つまり栗原県政に続く畑県政成立の要因は、首長の支援政党のイデオロギーに対して新住民が支持を表明したというよりは、生活環境改善を求める新しい埼玉県民の意向に畑の政治理念がマッチしやすかったのである（埼玉県1991：768）。

64 1972年7月の県議会での県知事就任のあいさつの中で畑は、①「公害、交通事故をなくす」、②「暮らしよい生活環境と秩序ある産業の発展」、③「伸び伸びとした教育と、母と子、お年寄りを大事にする」を掲げた。

65 企画財政部の設置は、人事課の職員のアイディアから生まれたものだ

ったという(毎日新聞浦和支局編 1996:41)。

66 畑が「文化」と「自治と連帯」が深い関係にあると指摘したのは、1978年1月4日の仕事始めの式におけるあいさつにおいてであった(畑 1982:71)。

67 長洲一二神奈川県知事は、庁内放送にて「文化の共有がコミュニティの基盤であり、自治の確立が個性的な地域文化を育てる」と職員に文化室設置の必要性を説いたという(山田 1979:24)。

68 この点について中川は、「法や通達にもとづく下請けの対策型施策に重点が傾きがちであった従来の行政を見直すこと。縦割りのハード整備とソフト整備との分裂を克服して、自治体行政の総合政策行政への転換を図ることが「文化」をキーワードとしながらテーマとなっていた」と指摘した(中川 1995:23)。

69 埼玉県(1979)『埼玉県議会会議録』(昭和54年2月定例会2月26日7号)

70 畑は長期構想策定にあたって次のような立場を示した。「本県の物理的環境、県民の意向などから、埼玉県における地方自治の確立のためには、県民の自治意識をたかめ連帯感を醸成していくことが重要かつ緊急の課題である」(畑 1981:67-68)。

71 現地には以下のような説明板が設置されている。

「ふれあいの広場」に寄せて
「環境が人をつくる」とは古くからいわれていることです。
　この青柳の地には、辛抱、勤勉、尚古の気風がありますが、これは恵まれた自然環境が長年にわたってはぐんできたものであります。
　このたび、埼玉県および神川村は、青柳小学校内に歩道、学校施設、住民の広場という三つの要素をもった「ふれあい広場」を建設しました。歩道の平面には、児童の手による地名を刻み、広場では、文化財等を紹介し、武蔵野の一角に根づいた「ふるさと」へ人々を誘ってくれます。
　百年の計をたてるには、人を植えることにあります。
　県および村当局の果たされた行政の文化化は、青少年の郷土理解を深めていくでありましょう。理解の眼は愛村のエネルギーとなり「未

来に生きる」者の心の糧となりましょう。また、地域の人々には、安らぎとふれあい、明日への活力を与えてくれるでありましょう。完成した「広場」を育てていくのは、私たちの仕事です。その利用、保全、管理を充実させながら、ここが若い人々の飛躍を培い、地域連帯の輪を広げ、豊かな村づくりの場となるよう期待します。

72 さきたま古墳群内に設置された「埼玉県名の由来」によれば、明治期に県域を設定する際に、県の管轄区域の中で最も広いのが埼玉郡であったために、埼玉県という県名が採用されたという。埼玉郡は古代の律令制度発足当初、前玉（さきたま）郡と称され、正倉院文書神亀3年（726）の山背国戸籍帳には、「武蔵国前玉郡」の表記が登場する。埼玉県では、この歴史的経緯から行田市埼玉を県名発祥の地と位置づけている。

73 柳田は鉄剣の文字が発見された際のエピソードとして、「竹を二つに割って中の芯を抜き、綿を置いて、その上に剣を包んで、新幹線の棚の上に乗せて持っていった。けれども、帰りはパトカーに先導されて帰ってきた」と語った。115文字の発見による注目度の高さを物語っていた（上山ほか1989：20）。

74 朝日新聞（1989）「58年のご来県最後　故天皇陛下、多くの県民と交流　埼玉」（1989年1月8日朝刊）。

75 鉄剣の保存と展示の両立は、展示設備の工夫によって実現が試みられた。「保存管理が万全で、しかも大勢の人が一堂に見られる方法はないかと考えているうちに、視線より高くつるすアイデアが浮かんだ。専門家に聞くと、「非常によい方法だ」と賞賛を受けたので、二重のガラスケースの中にこの鉄剣を入れ、錆びないように窒素を注入し、誰でも四方から観覧できるようにした。些細なことではあるが、これで見学者の便を図ると同時に十分な保存管理ができる方法がとれたのである。」畑にとってみれば保存と同等に展示し、広く公開することに重要な意味があった（畑1990：184）。

76 埼玉県『埼玉県議会議事録 昭和56年2月定例会 03月05日－03号』。新自由・県政クラブの堀口真平の「県史編さんの果たす役割について」の質問に対して、畑が答弁した内容である。

77 この会の開催に当たっては、「心ない連中が押し寄せてはと心配し、

警護に十分意を用いた」という（柳田 1987：353）。
78 事件当時の畑は、「結婚してまだ 2 週間しかたっていない新婚ホヤホヤの時でしたが、現役徴集で麻布の歩兵第三連隊に入隊して、機関銃隊の初年兵として訓練を受けておりまして、あの事件の時は、第七中隊の兵士とともに、警視庁の襲撃に向かい、雪の桜田門前で、重機関銃を据えて」警備に当たっていたという（畑 1982：53）。
79 重忠節は、畑和作詞、三橋美智也歌唱（畑 1979：240）。
一　国は武蔵の畠山
　　武者と生まれて描く虹
　　剛勇かおる重忠に
　　いざ鎌倉のときいたる
二　平家追い討つ一の谷
　　愛馬三日月背に負えば
　　そのやさしさに馬も泣く
　　ひよどり越えの逆落とし
三　雪の吉野の生き別れ
　　恋し義経いまいづこ
　　静の舞の哀れさに
　　涙で打つや銅拍子
四　頼み難きは世の常か
　　誠一途が謀反とは
　　うらみも深く二俣に
　　もののふの意地花と散る
五　仰ぐ秩父に星移り
　　菅谷館は苔むせど
　　坂東武者のかがみぞと
　　面影照らす峯の月
80 現在の嵐山町における施策状況については、嵐山町地域支援課馬橋透氏、同課青木正志氏にご教示いただいた。
81 横瀬町HP（https://www.town.yokoze.saitama.jp/shisetu-bunka/shisetsu-oshirase/11814　2022 年 8 月 9 日確認）。
82 その後、本田技研工業株式会社は 2009 年に小川工場、2013 年に寄居

工場を順次稼働させてきた。2017年の第2四半期決算説明会において、2021年度を目途に狭山工場の閉鎖を実施すると発表した。

83 「北入曾長寿会」の活動は、その後「七曲井保存会(実態は入曾囃子保存会)」に継承されたものの、近年では会員の高齢化により活動は休止された。現在は市教育委員会社会教育課が民間業者へ委託して管理事業を実施している。(狭山市教育委員会社会教育課 石塚和則氏からの聞き取り【2020年11月27日】による。)

84 狭山市文化団体連合会HP(http://www.bunren.org/ 2022年8月10日確認)。

85 埼玉会館の建設は1923年に計画されたものの、同年の関東大震災発生により建設は延期された。1年後に渋沢栄一をはじめとした人々の寄付により建設計画は再開し、竣工にこぎつけた。

86 埼玉県『埼玉県議会会議録 平成2年12月 定例会 12月10日-02号』。社会党 斉藤大丈夫議員の質問。

87 埼玉県文化財保護協会の設立総会は、1958年6月26日に川越市の喜多院で開催された(埼玉県文化財保護協議会2010:刊行に寄せて)。

88 行田市(1998)『行田市議会定例会』平成10年9月定例会 9月11日-03号。吉田豊彦議員の質問。

89 埼玉県(1980)『埼玉県議会定例会』昭和54年2月定例会2月26日-07号。栗岡宏太郎議員による文化会館建設事業の成否に関する質問に対する答弁。

90 本庄文化会館の竣工式は、1980年12月25日に開催された。

91 芸術劇場建設以前に埼玉県では東京都や神奈川県、群馬県等と同様に自前のプロ・オーケストラ創設計画が存在した。1981年ごろから議論されたが、不況や知事交代に伴って1992年ごろから設立反対を訴える県議が現れるなど、計画は暗礁に乗り上げた。『朝日新聞』1994年1月29日朝刊 埼玉。

92 公益財団法人 埼玉県芸術文化振興財団HP(https://www.saf.or.jp/about/history/ 2022年8月16日確認)。

93 『朝日新聞』1995年4月12日朝刊 埼玉。

94 熊谷市 平成24年12月定例会(第4回)12月12日-一般質問-04号。

95	熊谷市 令和3年3月定例会（第1回）3月15日－一般質問－06号。
96	『朝日新聞』1994年6月17日刊。
97	「ふるさと埼玉の緑を守る条例」は、2005年に「ふるさと埼玉の緑を守り育てる条例」に改正された。その後も2012年の一部改正を経て、今日まで継承されてきている。
98	「緑のマスタープラン」はその後、1994年以降に埼玉県内の各市町村が定めた「緑の基本計画」に継承されていった。また「緑のマスタープラン」の広域的な公園計画については、埼玉県が都市計画法に基づく都市計画公園と定めて、順次整備を進めていった。平成26年6月定例会 一般質問。
99	野火止用水は、川越藩主松平信綱により1655年に開削されたが、1960年代以降の都市化の中で生活雑排水の放流などにより著しく環境が悪化した。地元住民による環境改善を求める声ともに、1973年の東京都・埼玉県連絡会議でこの用水の歴史的価値が見直され、1984年度から1987年にかけて流路等の整備を実施した。清流復活に力を注いだ畑和の名が記念碑に刻まれている。
100	この具体例として、生活圏施設構想（健康文化都市づくり）と博物館公園都市建設構想を含む「トオノピアプラン」を打ち出した岩手県遠野市、町外の人が年会費101万円を収めると「特別町民」として様々な特典が得られる他方で、特別町民の会費を基にレクリエーション施設整備を進めた福島県三島町の事例が紹介された（国土庁 1982：39-40）。
101	https://www.pref.saitama.lg.jp/f2216/geibunsai/index.html#bizyutusi（2022年1月6日確認）。
102	飛鳥田横浜市政の「六大事業」にはベイブリッジ建設が謳われ、その後の「みなとみらい21」などの再開発が行われた。また、宮崎神戸市政では「ポートピア」などの埋立事業によって都市経営のモデルが打ち立てられたように、畑県政と同時期に各地で都市開発が展開された。
103	『朝日新聞』2024年1月21日朝刊。

引用参考文献

(著者名アルファベット順)

【外国語文献】

Anderson, Benedict (1991 [1983]) Imagined Communities: Reflections on the Origin and Spread of Nationalism, rev. ed. London: Verso.（ベネディクト・アンダーソン 1997『増補・想像の共同体：ナショナリズムの起源と流行』白石さや・白石隆訳、NTT出版。）

Esteva, Gustavo (1996)「開発」ヴォルフガング・ザックス編、三浦清隆他訳『脱「開発」の時代：現代社会を解読するキイワード辞典』晶文社 (In Wolfgang Sachs. ed. 1992. The Development Dictionary: A Guide to Knowledge as Power. London: Zed Books: 1.)

Hobsbawm, E. J., T. O. Ranger (1983) The Invention of Tradition. England: Press of the Univer sity of Cambridge.（E. ホブズボウム・T. レンジャー編 1992『創られた伝統』前川啓治ほか訳、紀伊國屋書店。）

Latouche, Serge (2019) La décroissance, QUE SAIS JE.（セルジュ・ラトゥーシュ 2020『脱成長』中野佳裕訳、白水社。）

Sachs, Wolfgang ed. (1992) The Development Dictionary: A Guide to Knowledge as Power. London: Zed Books: 1.

【日本語文献】

秋葉一男 (1981)「埼玉県立民俗文化センター：県民参加のわざの博物館」『月刊文化財』第214号、文化庁文化財部。

秋津元輝・中田英樹 (2003)「開発の功罪：発展と保全の相克」古川彰・松田素二『観光と環境の社会学』新曜社。

青木康容 (2004)「国土計画と地域開発：地域開発から「文化」開発へ」『社会学部論集』第39号。

文化庁・埼玉県・第4回国民文化祭埼玉県実行委員会（1990）『第4回国民文化祭さいたま89公式記録』6-7。

第50回埼玉県美術展覧会記念誌編集委員会『埼玉県展の50年』さきたま出版会。

大連図書館編（1925）『書香』満鉄大連図書館報第2号。

第3次埼玉県文化行政懇談会（1980）『地域における文化と行政：第3次埼玉県文化行政懇談会の提言』。

エコノミスト編集部（1984）『証言・高度成長期の日本（上）』毎日新聞出版。

福島敦子・土屋義彦（2002）「福島敦子のトップに聞く"ダサイタマ"から彩の国へ変身：埼玉県知事 土屋義彦氏」『サンデー毎日』第81巻第2号。

史の会（1986）『昭和史の埼玉：激動の60年』さきたま出版会。

舟越健之輔（1983）『箱族の街』新潮社。

後藤道夫（2002）「開発主義国家体制」暉峻衆三ほか「特集開発主義国家と「構造改革」」『ポリティーク』第5号、旬報社。

行田市文化行政研究会（1979）『文化性豊かな地域づくりにむけて：行田市文化行政研究会の検討と提言』。

行田市文化行政研究会（1980）『文化性豊かな地域づくりにむけて：第2次行田市文化行政研究会の検討と提言』。

権学俊（2006）『国民体育大会の研究：ナショナリズムとスポーツ・イベント』青木書店。

原武史（2012）『団地の空間政治学』NHK出版。

畑和（1975）「自治体としての府県の役割」『都市問題』第66巻第7号。

畑和（1978）「個性的創造的文化の育成を」『埼玉自治』埼玉県自治研究会。

畑やわら（1979）『ふるさとの人』滴翠社。

畑和（1981）「府県・市町村の分権化構想：埼玉県の場合」『都市問題』第72巻第2号。

畑和（1982）『和顔愛語　新しい豊かさをもとめて』ぎょうせい。

畑和（1990）『熱き思いを：21世紀へつなぐ地方自治』ぎょうせい。

東松山市（1986）『東松山市の歴史』下巻。

本間義人（1992）『国土計画の思想：全国総合開発計画の30年』日本経済評論社。

本間岳史（2013）「埼玉県立自然史博物館の建設と学芸活動」『埼玉県立自然の博物館研究報告』。

石原猛男（1982）「行政の文化化：その実際の取組みと課題」磯村英一監修・坂田期雄編『地方の時代：実践シリーズ NO.6 ひろがる文化行政：いま各地で多くの実験が』ぎょうせい。

石原猛男（1987）「さいたま YOU And I プランの実現に向けて」『Concrete Journal』25 巻 1 号。

石川敬之（2016）「関西文化学術研究都市の構想と建設（1）関西文化学術研究都市における民間イニシアティブと産官学連携の歴史」『地域戦略研究所紀要』第 1 号。

石川敬之（2017）「関西文化学術研究都市の構想と建設（2・完）関西文化学術研究都市における民間イニシアティブと産官学連携の歴史」『地域戦略研究所紀要』第 2 号。

磯村英一監修・坂田期雄編（1982）『地方の時代：実践シリーズ NO.6 ひろがる文化行政：いま各地で多くの実験が』ぎょうせい。

木津川計（1986）『含羞都市へ』神戸新聞出版センター。

神奈川県文化室（1988）『物語 自治体文化行政史：神奈川からキック・オフ、10 年の歩み』。

加藤咄堂（1919）『思想問題ト生活問題：民力涵養講話』栃木県内務部庶務課。

川上征雄（2008）『国土計画の変遷：効率と衡平の計画思想』鹿島出版会。

河村雅美（2006）「ダム建設という「開発パッケージ」：「外地」から「国土」そして「アジア」へ」町村敬志編『開発の時間　開発の空間：佐久間ダムと地域社会の半世紀』東京大学出版会。

県史編さん室編（1982）『雪未だ降りやまず：続二・二六事件と郷土兵』。

近畿ブロック知事会編（1984）『新しい文化行政をめざして：文化大学校講演集第一回』兵庫県文化協会。

鬼田蔵三（2008）「祝・「NHK 朝の連ドラ」決定でも、埼玉県はなぜ「ださいたま」なのか」『新潮 45』第 27 巻第 12 号。

小林真理（2001）「地方自治体による文化政策」後藤和子編『文化政策学：法・

経済・マネジメント』有斐閣。

国土庁（1982）「国民的文化振興構想と地域開発に係る基礎的条件調査：都市類型別文化機能の基礎的条件：（概要）」『自治研修』第262号。

国立教育政策研究所 社会教育実践研究センター（2020）『公民館に関する基礎資料』。

小谷竜介（2014）「雄勝法印神楽の再開過程と民俗性」高倉浩樹・滝澤克彦編『無形民俗文化財が被災するということ：東日本大震災と宮城県沿岸部地域社会の民俗誌』新泉社。

倉橋健・石井歓・小林武雄・渡辺通弘（1988）「座談会 地域文化の振興と国民文化祭」『文部時報』第1340号。

日下公人（1980）「文化開発こそ産業の成長エネルギー源だ」『販売革新』第18巻第1号、アール・アイ・シー。

町村敬志（2002）「「国土」に満たされていく開発：戦後復興期の開発ナショナリズム」暉峻衆三ほか「特集 開発主義国家と「構造改革」」『ポリティーク』第5号、旬報社。

町村敬志（2006）「地域社会における「開発」の受容：動員と主体化の重層的過程」町村敬志編『開発の時間 開発の空間：佐久間ダムと地域社会の半世紀』東京大学出版会。

町村敬志（2011）『開発主義の構造と心性：戦後日本がダムでみた夢と現実』御茶の水書房。

町村敬志（2020）『都市に聴け：アーバン・スタディーズから読み解く東京』有斐閣。

毎日新聞浦和支局編（1996）『回想 畑県政二十年』さきたま出版会。

松井和久・山神進編（2006）『一村一品運動と開発途上国：日本の地域振興はどう伝えられたか』アジア経済研究所。

松岡洋右（1937）『満鉄を語る』第一出版社。

松下圭一（1979）「文化行政の市民的視角」『季刊自治体学研究』第2号。

松下圭一（1981）「自治の可能性と文化」松下圭一・森啓編著『文化行政』学陽書房。

三浦展（2010）『愛国消費：欲しいのは日本文化と日本への誇り』徳間書店。

三浦朱門（1988）「エリート文化と国民の文化」『文部時報』第 1340 号。

宮本憲一（2014）『戦後日本公害史論』岩波書店。

森久聡（2020）「制度の拡大：文化遺産を誰がどのように保存してきたか」木村至聖・森久聡編『社会学で読み解く文化遺産：新しい研究の視点とフィールド』新曜社。

森啓（1979）「文化行政のあゆみ」総合研究開発機構・上田篤編『都市の文化行政』学陽書房。

森啓（1981）「全国自治体における文化行政の動向」松下圭一・森啓編著『文化行政：行政の自己革新』学陽書房。

森啓（1983）「いま行政の文化化とは：その潮流と行政文化の自己変革」上田篤編『行政の文化化：まちづくり 21 世紀に向けて』学陽書房。

森正人（2019）『豊かさ幻想：戦後日本が目指したもの』KADOKAWA。

村井良太（2013）「「社会開発」論と政党システムの変容：佐藤政権と 70 年安保」『駒澤大学法学部研究紀要』第 71 号。

村上泰亮（1992）『反古典の政治経済学（下）』中央公論社。

長井五郎（1981）「労働行政における文化行政・埼玉県」松下圭一・森啓編著『文化行政：行政の自己革新』学陽書房。

長洲一二（1980）『地方の時代と自治体革新』日本評論社。

内務省地方局有志（1980）『田園都市と日本人』講談社。

中川幾郎（1995）『新市民時代の文化行政：文化・自治体・芸術・論』公人の友社。

中川直木（1980）「まちづくりと地域文化の振興：行田市の場合」『地方の時代と都市の役割』全国市長会。

NHK 放送文化研究所編（1997）『現代県民気質：全国県民意識調査』。

NHK 放送世論調査所編（1979）『日本人の県民性：NHK 全国県民意識調査』日本放送出版協会。

西川芳昭（2002）『地域文化開発論』九州大学出版会。

野田邦弘（2001）『イベント創造の時代：自治体と市民によるアートマネジメント』丸善。

野原敏雄(1975)「戦後日本の地域開発政策と住民運動」野原敏雄・森滝健一郎編『戦後日本資本主義の地域構造』汐文社。

小熊英二(2002)『〈民主〉と〈愛国〉：戦後日本のナショナリズムと公共性』新曜社。

岡田一郎(2016)『革新自治体』中央公論新社。

鬼木和浩(2011)「自治の文化化：自治体文化政策の現状と展望」『文化政策研究』第5号、日本文化政策学会。

大阪文化振興会編(1974)『大阪の文化を考える』創元社。

大阪文化振興会編(1975)『都市と文化問題：続・大阪の文化を考える』創元社。

大阪府企画部文化振興室編(1975)『歴史の息づく町なみ』大阪府。

大瀬秀樹(1995)「文化行政論の批判的検討」『社会教育研究』第15巻。

埼玉県(1963)『埼玉県総合振興計画』。

埼玉県(1970)『第二次埼玉県総合振興計画』。

埼玉県(1978)『埼玉県長期構想：緑と清流、豊かな埼玉 六〇〇万人の幸せをめざして』。

埼玉県(1979)『週刊埼玉』第1009号(昭和54年1月5日)。

埼玉県(1980)『埼玉県緑の総合対策：ふるさと埼玉の緑を守り、ふやすために』。

埼玉県(1988)『荒川 人文Ⅲ 荒川総合調査報告書4』。

埼玉県(1991)『新編埼玉県史 通史編七 現代』。

埼玉県文化行政懇談会(1977)『ゆたかな県民生活と文化行政の展開 埼玉県文化行政懇談会の提言』。

埼玉県文化財保護協会(2010)『埼玉県文化財保護協会設立50周年記念誌 埼玉県文化財保護50年のあゆみ』六一書房。

埼玉県県民文化課(1982)『新しい行政への挑戦 埼玉県の文化行政』ぎょうせい。

埼玉県広聴課編(1973)『声』知事を囲む広聴集会シリーズNo.1。

阪本公美子(2020)『開発と文化における民衆参加：タンザニアの内発的発展の条件』春風社。

サンケイ新聞自治問題取材班(1973)『革新自治体：住民のための地方政治を考える』学陽書房。

埼玉県県民部県民文化課（1979）『行田市狭山市文化団体調査結果報告　埼玉県文化行政モデル市町村推進事業』。

関義則（2012）「追悼　さきたま風土記の丘整備事業と柳田敏司氏」『埼玉県立史跡の博物館紀要』140。

関根久雄（2021）「はじめに」関根久雄編『持続可能な開発における〈文化〉の居場所：「誰一人取り残さない」開発への応答』春風社。

千田恒（1987）『佐藤内閣回想』中央公論社。

庄司俊作「序文」（2017）庄司俊作編著『戦後日本の開発と民主主義：地域にみる相克』昭和堂。

柴田葵（2009）「文化の1％システムの日本における展開」『文化経済学』第6巻第3号（通号26号）、文化経済学会〈日本〉。

下河辺淳（2016）『戦後国土計画への証言（オンデマンド版）』日本経済評論社。

進藤兵（2002）「日本型開発主義と地方自治体」暉峻衆三ほか「特集開発主義国家と「構造改革」」『ポリティーク』第5号、旬報社。

白岡町文化行政研究会（1980）『かくて未来へ!!（文化行政モデル町白岡町報告書）』。

総合研究開発機構（1992）『文化首都の研究』上、全国官報販売協同組合。

総合研究開発機構（1983）『第4回全国文化行政シンポジウム　自然と文化』。

総合研究開発機構・上田篤編（1979）『都市の文化行政』学陽書房。

総合政策研究会（1963）『日本の地域開発』ダイヤモンド社。

末廣昭（1998）「発展途上国の開発主義」東京大学社会科学研究所編『20世紀システム4　開発主義』東京大学出版会。

杉田菜穂（2017）「社会開発の時代：1960年代の日本をめぐって」『大阪市立大学経済学会経済學雑誌』第117巻第3号。

鈴木誠（2019）『戦後日本の地域政策と新たな潮流：分権と自治が拓く包摂社会』自治体研究所。

高崎譲治（1982）「地方自治体の環境行政と産業行政：“環境整序権”に対する自治体職員の意識調査と関連させて」『都市問題』第73巻第3号。

高橋雅雄・神奈川県県民部参事（1979）「神奈川の文化行政」『季刊自治体学研究』

第 2 号。

田中富雄（2001）「埼玉の文化行政」『文化行政 はじまり・いま・みらい』日本文化行政研究会・これからの文化政策を考える会、水曜社。

高橋正義・十代田朗・羽生冬佳（2003）「戦後復興期の観光関係特別都市建設法の成立と同法制定都市における観光都市計画に関する研究」『都市計画論集』第 38 巻第 3 号。

竹野克己（2015）「大平正芳内閣の「田園都市国家構想」と戦後日本の国土計画」『公共政策志林』第 3 号。

田中角栄（1972）『日本列島改造論』日刊工業新聞社。

辰己佳寿子（2023）「外部介入型の農村開発から内発的な農村発展への転換過程：山口県における生活改善の変遷を通して」佐藤寛編『戦後日本の開発経験：高度成長の礎となった「炭鉱・農村・公衆衛生」』明石書店。

友岡邦之（2018）「地域・コミュニティ」小林真理編『文化政策の現在 1　文化政策の思想』東京大学出版会。

鳥越皓之（2009）「景観論と景観政策」鳥越皓之・家中茂・藤村美穂『景観形成と地域コミュニティ：地域資本を増やす景観政策』農山漁村文化協会。

土山希美枝（2007）『高度成長期「都市政策」の政治過程』日本評論社。

津野海太郎（1982）「国家デザイナーとしての知識人：梅棹忠夫論」『新日本文学』第 37 巻第 6 号。

上之郷利昭（1988）『先端知事・畑和の新・現実主義を生きる』講談社。

上山春平・田中琢・柳田敏司・田村誠・剱木亨弘・今村武俊（1989）「《座談会》埋蔵文化財の新発見と古代史の展開をめぐって」『文教：日本の教育を考える・提案する・討論する教育誌』第 47 号。

梅原宏司（2008）「「行政の文化化」がもたらしたもの：1970 年代から 80 年代までの埼玉県の事例を中心に」『文化経済学』第 6 巻第 2 号。

梅棹忠夫・小松左京・鈴木剛・大村利一・南部知伸・弘世現・山本弘（1974）「パネルディスカッション　関西経済と文化開発」『経済人』第 28 巻第 1 号。

梅棹忠夫（1993）『梅棹忠夫著作集　第 21 巻　都市と文化開発』中央公論社。

梅棹忠夫（1980a）「新京都国民文化都市構想」『中央公論』第 95 巻第 4 号、中央

公論社。

梅棹忠夫（1980b）「文化行政の目指すもの」『第1回全国文化行政シンポジウム 自治と文化：地方の時代をめざして』総合研究開発機構。

梅棹忠夫・大来佐武郎（1982）『連帯の思想と新文化』講談社。

渡辺治・暉峻衆三・新藤兵・後藤道夫（2002）「座談会 戦後開発主義国家 その形成・展開・解体」暉峻衆三ほか「特集開発主義国家と「構造改革」」『ポリティーク』第5号、旬報社。

渡邊幸彦（2020）「映画製作と地域振興(2018-19)」『同朋文化』15号。

山田宗睦（1979）「文化と行政に関する省察」『季刊自治体学研究』第2号。

山本明（1982）「文化行政の現状と問題点」『自治研修』第262号。

柳田敏司（1987）『杖刀人のふる里に生まれて：埼玉の歴史と文化財』柳田敏司先生還暦記念「杖刀人のふる里に生まれて」刊行会。

柳田敏司（1990）「文化財保護行政の歩み：一地域からみた40年」『文部時報』第1363号。

矢田晶紀（1988）「YOU And I プラン軸にダサイタマ大変身中！」第26巻第7号。

横田一（1997）「厚生省汚職を生んだ土屋知事のハコモノ行政」『週刊金曜日』第5巻第1号。

吉本光宏（2008）「再考、文化政策：拡大する役割と求められるパラダイムシフト」『ニッセイ基礎研究所報』Vol.51。

吉見町町史編纂委員会（1979）『吉見町史』下巻、六一書房。

吉見俊哉（2018）『現代文化論：新しい人文知とは何か』有斐閣。

吉見俊哉（2020）『五輪と戦後 上演としての東京オリンピック』河出書房新社。

吉見俊哉（2021）『東京復興ならず：文化首都構想の挫折と戦後日本』中央公論新社。

あとがき

　本書は、前著『市民参加型調査が文化を変える：野尻湖発掘の文化資源学的考察』(2017年、美学出版)に続く、著者にとって2冊目の単著である。著者は前著出版後も市民参加型発掘調査の研究をしばらく継続していた。特に自治体職員から大学教員に転身し、赴任した大学が埼玉県に所在することから、埼玉県内での事例調査を進めていた。

　この過程で著者は、埼玉県の文化財保護行政が、在野の市民参加型発掘調査の流れと官の文化財保護行政の流れが組み合わさり、埼玉県が主導する文化行政の核になっていたことを知った。必ずしもまちづくりの花形ではない文化財保護行政が、埼玉県行政の表舞台に登場したことに興味を抱いた著者は、さらに調べを進めるうちに、いつの間にか埼玉県の文化行政本体が変質してしまったことに気が付いた。

　従来の文化財の凍結的な保存ではなく、2018年の文化財保護法改正に代表されるように、文化財の保存と活用が一体的、有機的につながり、「国民の文化的向上に資するとともに、世界文化の進歩に貢献」(文化財保護法第1条)することができれば、社会と文化財の望ましい関係が構築できるはずである。初期の埼玉県における文化行政は、こうした文化財保護政策を具現化しうる好例であったにもかかわらず、なぜ方向性が変わってしまったのか。また、生活や暮らしの豊かさに密着した文化を開発への対抗的政

策課題として掲げていたものの、その正反対の開発政策に注力していった矛盾は、どこから生まれたのか。この問いを明らかにすることが、著者の問題意識の原点となった。

　以上の問題意識を解き明かす上で重要なキーワードは、人々が避けようとしても、避けることのできない開発主義だった。それは従来の開発ではなく、抽象度が高く、捉えどころのない文化に基づく開発（＝文化開発）である。文化開発は人々の暮らしや生き方まで「開発」の対象とし、ある種の"美しさ"や"正しさ"が伴っていた。

　しかし私も含め、みんながみんな、"美しい"暮らしや"正しい"生き方を実践しているだろうか。大小さまざまな失敗とそれに対する悔恨や反省など、若気の至りと片付けられない、思い出したくもない記憶を積み重ねながら、多くの人は生きている。むしろ、そのことと真摯に向き合い、ポジティブに捉えることもまた、別種の"美しさ"や"正しさ"かもしれない。

　このように考えると埼玉県において、ハコモノ作りに注力し、文化開発に躍起になっていたにもかかわらず、ネガティブなイメージをポジティブに捉えようとする「ダサイタマ」による自虐文化が根強く残っているのは、自己欺瞞とは違う"美しさ"や"正しさ"と言えるのではないか。

　本研究にあたり、東京大学大学院人文社会系研究科研究員の長嶋由紀子氏、青山学院大学准教授の中村美帆氏の両氏には、貴重なアドバイスや励ましを頂いた。また、埼玉県立近代美術館に関連する資料については、同館学芸員の鴫原悠氏にご提供いただいた。著者が大学院時代からお世話になっている諸氏の的確なご指

摘や情報は、本書を完成させる上で欠くことのできないものだった。

本書の出版にあたっては、春風社の下野歩氏と韓智仁氏に大変お世話になった。学術書出版にあたってのアドバイスを頂くとともに、出来上がりの遅い拙稿を我慢強く、待っていただいた。

この他、沢山の方々に資料や情報のご提供をいただいた。すべての方のお名前をここに記すことはできないが、お一人お一人に感謝申し上げたい。

なお本研究は、JSPS 科研費 19K13035 ならびに 23K25286、城西大学学長所管研究費の助成を受けたものである。

索引

【あ行】

アイデンティティ……3, 29, 98, 121-122, 139, 247
飛鳥田一雄……99, 123, 232, 265
荒川総合調査……167-171
池田勇人……47
1省庁1機関の地方移転……80, 81, 193, 231
一全総……47, 52-54, 63, 66, 70
一村一品運動……79
イデオロギー……15, 18, 23, 48, 52, 73-74, 99, 109, 116-119, 145, 175, 193, 220, 234, 238-239, 256, 260
稲荷山古墳……154, 156-157, 161-163, 172, 177, 207
梅棹忠夫……16-18, 21, 26, 29-30, 55-58, 60-64, 68-73, 76-77, 100-103, 125, 138, 224, 248, 258-259
大阪万博……16, 29, 56, 61-62, 237
大阪文化振興研究会……63, 101
大平正芳……58, 65-67, 72-73, 75, 78, 259
大宮ソニックシティ……81, 192（埼玉県産業文化センター）

【か行】

開発幻想……24, 255
開発主義的様相……3, 39, 191, 237, 244
開発文化……255
革新政党……18, 93, 98, 111, 115, 119, 145, 260
革新知事……72, 99, 111, 260
梶山静六……78
神川村（現神川町）……108, 148, 150, 261
川上征雄……53
環境整序計画……124
環境整序権……123-125, 193, 218
機関委任事務……45, 144, 147
行政の文化化……2-3, 22, 30-33, 73, 103-110, 115-116, 125, 142-148, 151-153, 165, 171-172, 178, 182-184, 186, 191, 201, 203, 206-207, 215-216, 218, 220, 229, 233, 238-241, 243, 245, 249, 254, 261
行田産業文化会館……203, 213, 250
行田市……143, 148, 154, 157, 162-163, 176-178, 185, 204, 229, 262, 264
行田市文化行政研究会……162-163, 177
郷土愛……67, 157-158, 161, 174
郷土意識……139, 158, 161-163, 175, 177-178, 243
黒田了一……101, 111
計画行政……58, 124, 141
経済安定本部（安本）……41-43
経済開発……2-3, 49, 51-52, 55, 57-58, 60, 84, 87, 100
県史編さん室……152, 164, 167-168
県民党……116, 234, 238
県民文化課……101, 127, 136-140, 145, 152, 164, 171, 178, 203
県立浦和図書館……195, 214
県立川越図書館……113, 195
県立近代美術館……194, 199

摘や情報は、本書を完成させる上で欠くことのできないものだった。

本書の出版にあたっては、春風社の下野歩氏と韓智仁氏に大変お世話になった。学術書出版にあたってのアドバイスを頂くとともに、出来上がりの遅い拙稿を我慢強く、待っていただいた。

この他、沢山の方々に資料や情報のご提供をいただいた。すべての方のお名前をここに記すことはできないが、お一人お一人に感謝申し上げたい。

なお本研究は、JSPS科研費19K13035ならびに23K25286、城西大学学長所管研究費の助成を受けたものである。

索引

【あ行】

アイデンティティ……3, 29, 98, 121-122, 139, 247
飛鳥田一雄……99, 123, 232, 265
荒川総合調査……167-171
池田勇人……47
1省庁1機関の地方移転……80, 81, 193, 231
一全総……47, 52-54, 63, 66, 70
一村一品運動……79
イデオロギー……15, 18, 23, 48, 52, 73-74, 99, 109, 116-119, 145, 175, 193, 220, 234, 238-239, 256, 260
稲荷山古墳……154, 156-157, 161-163, 172, 177, 207
梅棹忠夫……16-18, 21, 26, 29-30, 55-58, 60-64, 68-73, 76-77, 100-103, 125, 138, 224, 248, 258-259
大阪万博……16, 29, 56, 61-62, 237
大阪文化振興研究会……63, 101
大平正芳……58, 65-67, 72-73, 75, 78, 259
大宮ソニックシティ……81, 192（埼玉県産業文化センター）

【か行】

開発幻想……24, 255
開発主義的様相……3, 39, 191, 237, 244
開発文化……255
革新政党……18, 93, 98, 111, 115, 119, 145, 260
革新知事……72, 99, 111, 260
梶山静六……78
神川村（現神川町）……108, 148, 150, 261
川上征雄……53
環境整序計画……124
環境整序権……123-125, 193, 218
機関委任事務……45, 144, 147
行政の文化化……2-3, 22, 30-33, 73, 103-110, 115-116, 125, 142-148, 151-153, 165, 171-172, 178, 182-184, 186, 191, 201, 203, 206-207, 215-216, 218, 220, 229, 233, 238-241, 243, 245, 249, 254, 261
行田産業文化会館……203, 213, 250
行田市……143, 148, 154, 157, 162-163, 176-178, 185, 204, 229, 262, 264
行田市文化行政研究会……162-163, 177
郷土愛……67, 157-158, 161, 174
郷土意識……139, 158, 161-163, 175, 177-178, 243
黒田了一……101, 111
計画行政……58, 124, 141
経済安定本部（安本）……41-43
経済開発……2-3, 49, 51-52, 55, 57-58, 60, 84, 87, 100
県史編さん室……152, 164, 167-168
県民党……116, 234, 238
県民文化課……101, 127, 136-140, 145, 152, 164, 171, 178, 203
県立浦和図書館……195, 214
県立川越図書館……113, 195
県立近代美術館……194, 199

県立久喜図書館……193, 195, 210, 214
県立熊谷図書館……195, 214
県立さいたま川の博物館……213
県立さきたま資料館……159
県立自然史博物館……193, 201-203, 213
県立博物館……164, 193-196, 198-199, 201, 213
県立本庄文化会館……193
県立民俗文化センター……193, 201-202, 213
県立文書館……193, 199-200
県立歴史資料館……153, 172, 179, 201, 213
高度成長……3, 24, 31, 49, 52-53, 74, 87-88, 91-92, 99, 112-114, 118-119, 126, 137, 177, 181, 185, 241, 257
公立文化施設……21, 32, 175
国土総合開発法……43-44, 84
国民体育大会……70, 155, 194, 223
国民文化祭……3, 70, 219, 223-226, 228-229, 232, 238
国民文化祭さいたま89……223-224, 226, 228
国立民族学博物館……16, 61-62, 72, 77, 248, 258
古都における歴史的風土の保存に関する特別措置法（古都保存法）……57, 156, 217, 257
コミュニティ……50, 66, 106, 119-121, 142-143, 148, 162, 167, 178, 180, 183-184, 247, 261

【さ行】
埼玉会館……164, 193-196, 198, 200, 210-211, 264

埼玉県中期計画：緑と清流、豊かな埼玉5か年計画……112, 201, 216
埼玉県中枢都市圏構想……191
埼玉県長期構想……147
埼玉県文化行政懇談会……120, 176, 193
埼玉県文化行政モデル市町村推進事業……142, 162
埼玉県文化財保護協会……196, 264
埼玉国体……194, 196, 200
さいたま新都心……81, 212, 215, 232-233, 238, 253
埼玉都民……18, 92, 161, 238, 243
さいたまYOU And I プラン（YOU And I プラン）……192
彩の国さいたま……252
彩の国さいたま芸術劇場……212, 215, 232, 238
さきたま風土記の丘……153-156, 160-161
佐藤栄作……49, 51, 54
里づくり文化構想……179-180
狭山市……143, 176, 178, 185-188, 264
三全総……52, 58, 63-67, 69, 74-75, 77-78, 80, 125, 216, 223, 244, 257
重忠節……174, 263
持続可能な開発……25, 29-30, 254-255
自治と連帯……117-119, 121, 123, 125-126, 174, 261
シビル・ミニマム……113
自民党……18, 45, 54, 81, 98, 111, 115, 117, 232, 260
下河辺淳……46, 64, 77, 257-258
社会開発……2, 49-52, 55, 57-58, 60-61, 87, 100, 237, 255, 257
社会党……18, 98, 111-113, 115, 117, 238, 258, 264

常住景……104, 140
昭和天皇……159, 193
白岡町（白岡市）……120, 143, 176, 181-182, 229, 247
白岡町文化行政研究会……181-182
シラコバト賞……186
辛亥銘鉄剣……153, 207, 238
新京都国民文化都市……69, 71
新憲法……89, 259
人口急増地域……126, 175, 177, 181, 185, 188, 224
新産業都市……47, 54, 70-71
鈴木善幸……72, 74
全国県民意識調査……250
全国総合開発計画……2, 39, 43, 52, 58, 74-75, 77, 82, 171
全国文化行政シンポジウム……103-104
総合研究開発機構……77, 103-104, 109, 258
総国分寺－国分寺構想……70-71, 73, 258-259
創造性……32, 118, 140, 146, 212, 245
想像の共同体……174, 247

【た行】
第二の平安京づくり……60, 61, 99
高山義三……59-60, 99-100, 138, 258
多極分散型国土構想……78
たくましい文化……74-75, 87, 237
竹下登……78, 80-81, 193, 231, 238
ダサイタマ……251-253
田中角栄……54-55, 78, 160, 257
地域イメージ……34, 56, 79, 163, 207, 238, 252-253
地域資源……104, 150-151
地域資本……150-151

地域性……55, 57, 140, 146, 207, 212, 224
知事を囲む広聴集会……126, 232
地方教育行政の組織及び運営に関する法律……137
地方の時代……58, 69, 73, 123-125, 217
地方の時代シンポジウム……123
チャージ論・ディスチャージ論……60, 73, 101, 138
中くらいの物語……246-250
彫刻プロムナード……219, 226, 228
土屋清……44, 257
土屋義彦……212, 215, 233, 252-253
定住圏構想……52, 58, 63-65, 67, 69, 77-78, 80, 216, 257
伝統文化……79, 139, 143, 224, 228
東京オリンピック・パラリンピック……14, 16, 62, 89
東京という物語……250-254
都市田園緑地制度……125
都市の品格……1, 249
トトロの森……220, 238
翔んで埼玉……253

【な行】
中曾根康弘……2, 74-78, 80-81, 192-193, 238
七曲り井……186
二・二六事件……165-167, 171
21世紀グランドデザイン……82
二全総……52-54, 63, 66
蜷川虎三……73, 99-100, 111, 138, 253, 258
日本共産党（共産党）……18, 98, 112, 115
日本列島改造（論）……55-57, 78-80,

92, 216, 257
人間性……66, 120, 140, 145-146, 225, 245, 248
人間尊重・福祉優先……49, 112-113, 118, 157, 191
ねぐら地帯……19, 250
野火止用水……220, 238, 265

【は行】
畑和……19, 22, 60, 72-73, 93, 98-99, 104, 111-126, 127, 136-140, 145-147, 152-154, 157-161, 164-168, 172, 174, 177, 186, 191, 193, 200-204, 206, 209-212, 215-217, 219-220, 225-226, 228, 230-234, 238, 241, 243, 247, 250-254, 260-265
林田悠紀夫……100
美観性……26, 140, 146, 207, 230, 260
福祉国家……2, 27, 47, 49, 57, 74, 99
福田赳夫……62, 66
双葉町……249
ふるさと埼玉の緑を守る条例……125, 216-218, 228, 238, 265
ふるさと創生……78-81, 87, 193, 231, 237, 259
文化行政……3, 18-19, 21-23, 26, 28, 32-35, 57-61, 70, 73, 80-81, 87, 95, 98-111, 115, 117, 120-123, 126-127, 136-147, 151-154, 159, 161-165, 167, 174-185, 188, 191, 193, 195, 204, 207, 209, 212, 214, 220, 223-224, 229-233, 237-241, 243-245, 247-248, 250, 252, 255, 258, 260
文化行政モデル地区……176
文化財保護委員会……154
文化財保護政策……122, 142-143, 152, 238
文化資源……122
文化首都……76-78
文化政策……10, 26, 29, 31-33, 52, 55-56, 101, 115, 141, 152, 177, 223, 231, 241, 254
文化庁……70, 138, 154-155, 160, 172, 223-224, 226
文化的空白地帯……181
文化の時代……58, 125, 145, 225, 245
文化のための1％システム……105-109
文化の不毛地帯……229, 247
細川護熙……77

【ま行】
緑と清流、豊かな埼玉……112, 157, 201, 216, 218, 228
美濃部亮吉……54, 111, 123

【や行】
柳田敏司……153-155, 157, 159, 164-165, 168, 172, 194, 200, 262
屋良朝苗……111
余暇行政……50-51, 126-127, 178
余暇対策課……114, 126-127
ヨコゼ音楽祭……183-184
横瀬村（横瀬町）……143, 176, 183, 263
四全総……74-78, 82, 192
（行政の文化化の）四要素……146-148, 183, 207, 245

【ら行】
嵐山町……143, 172, 176, 178-181, 213, 229, 263

嵐山町文化行政懇談会……178, 180
利益誘導政治……45, 232
両磐モデル定住圏……65, 244
利用民……248-249

土屋正臣（つちや・まさおみ）

城西大学現代政策学部准教授
文化資源学、文化政策学

〈主な著作〉
『市民参加型調査が文化を変える：野尻湖発掘の文化資源学的考察』
（2017年、美学出版）
『法から学ぶ文化政策』（共著、2021年、有斐閣）
『Cultural Heritage in Japan and Italy Perspectives for Tourism and Community Development』（共著、2024年、Springer）

文化という名の開発
——再生産される「豊かな未来」

2025年4月29日　初版発行

著者	土屋正臣	つちや まさおみ
発行者	三浦衛	
発行所	春風社 *Shumpusha Publishing Co.,Ltd.*	

横浜市西区紅葉ヶ丘53　横浜市教育会館3階
〈電話〉045-261-3168　〈FAX〉045-261-3169
〈振替〉00200-1-37524
http://www.shumpu.com　✉ info@shumpu.com

装丁　　　　長田年伸
印刷・製本　シナノ書籍印刷株式会社

乱丁・落丁本は送料小社負担でお取り替えいたします。
©Masaomi Tsuchiya . All Rights Reserved. Printed in Japan.
ISBN 978-4-86816-003-8 C0036 ¥3500E